El presente libro es una versión facsimilar de la edición original de El Colegio de México, que ha sido rescatada mediante un trabajo profesional de escaneo para mantener la obra en circulación.

JORNADAS 138

EL COLEGIO DE MÉXICO

Cátedra

Guillermo y Alejandro de **Humboldt**

CENTRO DE ESTUDIOS HISTÓRICOS

ALEMANIA 1945-2002
Aspectos históricos e historiográficos

Walther L. Bernecker y *León E. Bieber*

JORNADAS 138
EL COLEGIO DE MÉXICO

ERVICIO ALEMÁN DE INTERCAMBIO ACADÉMICO

NIVERSIDAD NACIONAL AUTÓNOMA DE MÉXICO
Facultad de Filosofía y Letras

Camino al Ajusco 20
Pedregal de Santa Teresa
10740 México, D.F.
www.colmex.mx

DR © UNIVERSIDAD NACIONAL AUTÓNOMA DE MÉXICO
Ciudad Universitaria
04510 México, D.F.

DR © SERVICIO ALEMÁN DE INTERCAMBIO ACADÉMICO
Kennedyallee 50
D-54175 Bonn

ISBN 968-12-1074-3 (versión original)
    978-968-121-074-8 (versión facsimilar)

Impreso en México

ÍNDICE

PRESENTACIÓN

Este libro es resultado de las tareas de la Cátedra Guillermo y Alejandro de Humboldt, con las que la universidad alemana viene enriqueciendo nuestra vida académica.

Establecida el 9 de octubre de 1998 como aportación del gobierno alemán, la Cátedra ha hecho posible contar en la Facultad de Filosofía y Letras de la Universidad Nacional Autónoma de México y en El Colegio de México con la participación de prestigiados profesores alemanes.

Alemania 1945-2002. Aspectos históricos e historiográficos recoge las conferencias dictadas en el marco de la Cátedra por León E. Bieber, del Instituto Iberoamericano de Berlín y por Walther L. Bernecker, de la Universidad de Erlangen-Nürnberg, conocedores de la historia alemana contemporánea y del mundo hispanoamericano. Al lado de tareas ordinarias en cursos y seminarios, desarrollaron estas conferencias que ahora recogemos en la colección *Jornadas* de El Colegio de México, algo que a más de útil resulta significativo, pues, como seguramente recordará más de un lector, *Jornadas* nació en 1943 en el Centro de Estudios Sociales, bajo la dirección de José Medina Echavarría. Su objeto era recoger y divulgar los resultados de la reflexión sobre la Guerra Mundial. *Prólogo al estudio de la Guerra* es el título del primer número, obra del propio Medina, preocupado por el desenlace de los acontecimientos en el ámbito mundial y, como lo mos-

traría en diversas publicaciones no por ocasionales menos re-
currentes, por el destino de Alemania, cuyo pensamiento so-
ciológico conocía y le hacía temer las consecuencias de im-
previsiones, de falta de visiones responsables, en el desenlace
de aquella contienda. *Jornadas* se enriqueció acogiendo variedad de tiempos y temas. El que ahora, en este número, se
vuelva al epílogo de la Segunda Guerra Mundial para continuar con el desenlace de la Guerra Fría y su final, va más allá
de una graciosa casualidad: afirma la continuidad del propó-
sito de la colección y llega a revivir el sentido original de una
colección cuyo cometido es la elucidación del presente en la
reflexión y el diálogo de cada día.

ANDRÉS LIRA

LOS ORÍGENES DE LA GUERRA FRÍA
Y SUS REPERCUSIONES EN LA DIVISIÓN
DE ALEMANIA, 1941-1949

León E. Bieber

Al trazar una línea desde la capitulación incondicional de Alemania en mayo de 1945 hasta los inicios de la Guerra Fría cabe, ante todo, resaltar que aquel país sólo en un sentido circunscrito fue su causante. El derrumbe del Tercer Reich no marcó la génesis del enfrentamiento entre las potencias occidentales y la Unión Soviética, pero sí fue el prolegómeno de su acelerada profundización. Sin embargo, esta vertiginosa agudización de la rivalidad soviético-norteamericana terminó por condicionar de manera decisiva la historia alemana hasta 1990, al determinar la división del país y la conformación de regímenes antagónicos en su territorio, y al crear la peculiar y altamente peligrosa situación de Berlín.

Si concentramos nuestra atención únicamente en la vasta literatura sobre la Guerra Fría producida en el mundo occidental apreciamos ya la divergencia de opiniones sobre su origen. Algunos autores como John Luckas, Herbert Feis o Salvador de Madariaga sostienen, al igual que lo habían hecho Truman, Eisenhower, Dulles, Churchill o Adenauer, que su causa fundamental radicó en la militancia del comunismo internacional y particularmente en la tendencia expansionista soviética. En el bienio posterior a la finalización de la conflagración mundial, la Unión Soviética habría roto unilateralmente los compromisos de Yalta y Potsdam al subordinar a los países de Europa oriental a su hegemonía, amenazar la soberanía de Turquía y fomentar la guerra civil en Grecia. Conforme a esta versión, la Guerra Fría le habría sido impuesta al occidente. En cambio, otros autores como Denna F. Flenning, David Horowitz y Gabriel Kolko consideran que la Guerra Fría fue producto de la negativa por parte de Washington y Londres a reconocer las esferas de influencia que por razones de seguridad nacional estableció la Unión Soviética después de 1945. Ella no habría estado preparada para una nueva guerra y por ende las causas de tensión radicarían en la ambición del mundo capitalista por recuperar el Este europeo como esfera de influencia.

Desde que el término fue introducido por primera vez al debate internacional por Walter Lippmann en 1947 con su libro *The Cold War. A Study in U.S. Foreign Policy* no existe consenso sobre lo que denominamos Guerra Fría y, por ende, tampoco respecto a la pregunta de cuándo exactamente y por qué comenzó.

Durante la década y media transcurrida entre 1930 y 1945, las relaciones entre las potencias mundiales occidentales y la Unión Soviética tuvieron un hálito de recelo y escepticismo que emanaba del antagonismo de los sistemas políticos y la ideología dominante en cada uno de ellos.

Sólo cuando Hindenburg accedió a designar un gabinete con participación de ministros nacionalsocialistas, vale decir en 1933, la Unión Soviética y Estados Unidos establecieron relaciones diplomáticas; y no fue sino en 1934 cuando aquel país ingresó a la Liga de las Naciones. En 1932 Moscú y París firmaron un tratado de no agresión que en 1935, después de la ocupación de la franja izquierda del Rin por la Wehrmacht, se complementó con otro que preveía la alianza defensiva entre los signatarios. El carácter aleatorio de estos convenios se evidenció cuando en septiembre de 1938 Francia, junto a Gran Bretaña, concedió a Hitler la anexión del Sudetenland, hecho que fue consumado sin considerar necesario consultar, ni siquiera informar, a la Unión Soviética.

En enero de 1941, es decir, antes de entrar en ejecución el Plan Barbarossa, Franklin D. Roosevelt proclamó las denominadas "cuatro libertades" (la de expresión, la religiosa y aquéllas contra la miseria y el temor) que pasaron a constituir parte básica de la Carta del Atlántico firmada por el presidente de Estados Unidos y el primer ministro británico en agosto del mismo año. Además del postulado de las "cuatro libertades", la Carta incluía el principio del derecho a la autodeterminación de los pueblos, la demanda de renuncia a anexiones territoriales, así como la de igualdad de acceso de todas las naciones al comercio y a las materias primas. Cuando en septiembre de 1941, o sea escasamente tres meses después de la invasión alemana a la Unión Soviética, el embajador soviético en Londres, Iwan Maiski, firmó la adhesión de su país al documento, puntualizó "que la aplicación práctica de estos principios debe ajustarse necesariamente a las circunstancias, necesidades y especificidades históricas de los diversos países".

En octubre del año en cuestión se firmó el Tratado Harriman-Beaverbrook que preveía un aprovisionamiento masivo de material para la Unión Soviética por parte de Estados Unidos. Roosevelt no supeditó esta ayuda a pruebas de buena fe soviética respecto a la Carta del Atlántico, como podría haber sido la de una declaración por parte de Moscú de renunciar a toda anexión territorial una vez finalizada la guerra. No lo hizo porque hasta prácticamente unos días antes del 8 de mayo de 1945, los ingleses y los norteamericanos no dejaron de temer un acuerdo entre Alemania y la Unión Soviética. Ésta tampoco dejó de ponderar nunca la posibilidad de un entendimiento entre la Alemania nazi y las potencias occidentales, naciones que de acuerdo con la ideología comunista tenían mayor afinidad en sus estructuras socioeconómicas que la que existía en este sentido entre la Unión Soviética por un lado, y Estados Unidos y Gran Bretaña por el otro.

Existe una razón fundamental que permite explicar la rápida transición de las relaciones entre la Unión Soviética y los aliados occidentales de una fase de desconfianza recíproca, como fue la de 1930-1945, a aquella de enfrentamiento entre 1945-1947, que se manifestaría en el periodo de la denominada Guerra Fría. Como lo insinúa ya la referida observación formulada en 1941 por el diplomático soviético, entre ambas partes no existía claro consenso respecto a los conceptos básicos de la Carta del Atlántico. Consecuentemente, al finalizar la guerra, tropas anglo-americanas y soviéticas se encontraron apostadas frente a frente tanto en Europa como en regiones de Asia con criterios muy dispares sobre las medidas que debían ponerse en práctica en sus sendas zonas de ocupación.

La divergencia de criterios no llegó a manifestarse, en primera instancia, en disputas sobre cada una de las estipulaciones de la Carta del Atlántico, sino que encontró su expresión medular en la acepción que los comunistas dieron a la cuestión de la liquidación del fascismo.

En el mes anterior a la capitulación de Alemania, el secretario general del Buró Político del Partido Comunista Francés, Jacques Duclos, publicó un artículo en *Cahiers du Communisme*, reproducido más tarde en idioma inglés en el *Daily*

Worker. Al subrayar en su parte final las bases materiales que habrían generado el fascismo postulaba que la noción de liquidar los remanentes de este movimiento —presente en todas las declaraciones oficiales de los aliados— debía interpretarse como una demanda de liquidar aquello que su partido consideraba como la raíz del fascismo. Esta posición fue reiterada repetidas veces por líderes comunistas y altos dirigentes soviéticos; así, por ejemplo, en un discurso pronunciado el 6 de noviembre de 1945 por Molotov, o en las declaraciones hechas por Stalin el 9 de febrero del año siguiente, cuyo contenido era ya mucho más evidente al subrayar que el capital monopolista habría sido la causa esencial que llevó a la Segunda Guerra Mundial. El peligro de la amenaza alemana era reemplazado aquí por el de la amenaza de lo considerado como el origen de la Alemania nazi: concretamente el capitalismo monopólico en su forma más desarrollada.

La concepción de la liquidación de las raíces del fascismo sostenida por la Unión Soviética y los partidos comunistas contenía una profunda implicación política que tenía que llevar necesariamente a un enfrentamiento con las potencias occidentales, pues presuponía anteponer la ejecución de profundas reformas socioeconómicas, que devendrían en la transformación de economías de mercado en economías planificadas de índole socialista, a los principios de libertad de expresión o religiosa o a los principios de autodeterminación nacional y libre comercio que enarbolaban los anglo-americanos. El hecho de que la materialización de esta línea política llevaría, gracias al avance del Ejército Rojo hasta el río Elba, a una expansión nada despreciable de la zona de influencia soviética determinó la contraofensiva occidental, cuyo primer punto culminante fue aquella tan citada conferencia que Winston Churchill pronunció el 5 de marzo de 1946 en Fulton (Missouri). En ella el ex primer ministro británico expresó en público lo que ya había confiado un año antes en telegramas al presidente Truman: "Desde Stettin en el Mar Báltico hasta Trieste en el Adriático ha caído una cortina de hierro sobre el continente. […] En todas partes los partidos comunistas buscan retener el poder totalitario. […] ciertamente ésta no es la Europa liberada para cuya construcción hemos luchado".

En el marco de estos antecedentes se produjo en los años 1945-1948 el radical enfrentamiento entre Estados Unidos y la Unión Soviética. Primero en torno a la cuestión polaca, luego en torno a la situación en el Mediterráneo oriental que determinó la proclamación de la Doctrina Truman y, finalmente, a consecuencia de las radicales transformaciones fomentadas por la Unión Soviética en los países del Este europeo.

En el caso polaco la indignación de Estados Unidos y Gran Bretaña frente a la Unión Soviética se remonta al año 1944. Aquel año Stalin coadyuvó a la liquidación del levantamiento desatado por el Ejército Patriótico Polaco (Armija Krajowa) en Varsovia al detener el avance de las tropas soviéticas cerca de esa ciudad y se negó, además, a permitir a norteamericanos y británicos utilizar aeropuertos en Ucrania con fines de aprovisionamiento.

Pero ya antes de estos sucesos se produjo un acontecimiento de repercusión aún mucho mayor. A fines de julio de 1944 se creó e instaló en Lublin, con apoyo masivo de Moscú, el Comité Polaco de Liberación Nacional que proclamó un programa de amistad con la Unión Soviética en materia de política exterior y la liquidación del latifundismo en el ámbito nacional. Como lo demostraron los años siguientes, la irritación con que Churchill reaccionó a este hecho tenía plena justificación. Con aquella iniciativa soviética él vio desvanecer su esperanza del resurgimiento de una Polonia con un sistema democrático-parlamentario y orientada hacia el mundo occidental.

En otoño de 1944 los aliados de la coalición antihitleriana todavía llegaron a negociar la formación de un gobierno polaco integrado en 50% por representantes del Comité de Lublin y en 50% por representantes del gobierno polaco en el exilio de Londres, a cuya cabeza se encontraba el general Sikorski. Éste no era sólo prooccidental sino de manifiesta orientación anticomunista. Pero el 1 de enero de 1945, sin esperar la Conferencia de Yalta programada para el mes siguiente, Stalin reconoció al Comité Polaco de Liberación Nacional como gobierno polaco provisional, demostrando así su decisión de transformar al vecino estado en zona de influencia soviética. En Yalta, Roosevelt y Churchill sólo lograron incluir en la resolución sobre Polonia la estipulación de que el gobierno provisional de este país sería reorganizado sobre una amplia base democrática mediante la integración de "líderes democráticos en Polonia y de polacos en el extranjero", fórmula que luego de fuertes presiones anglo-americanas llevó a que Mikolajczyk, presidente del poderoso partido campesino y líder de indiscutible popularidad nacional, fuese incluido como viceprimer ministro y ministro de Agricultura en el nuevo gobierno de clara orientación comunista. La actitud soviética respecto al futuro político polaco motivó una protesta tan airada de Truman frente a Molotov durante la visita que éste realizó a Washington en abril de 1945 que algunos historiadores datan el inicio de la Guerra Fría con aquel acontecimiento.

El Pacto Stalin-Ribbentrop, firmado escasamente una semana antes del inicio de la Segunda Guerra Mundial, le había permitido a la Unión Soviética recuperar aquellos territorios occidentales que Polonia le arrebató con el Tratado de Paz de Riga en marzo de 1921. Si Estados Unidos y Gran Bretaña nunca mostraron serios reparos en convalidar este reordenamiento territorial, vale decir, en conceder a Stalin una frontera occidental que coincidiese aproximadamente con aquella de la Línea Curzón fijada en 1920 para delimitar la frontera polaco-soviética, ellos sí mostraron seria oposición cuando la Unión Soviética demandó la devolución de las provincias de Kars y Ardahan que cedió a Turquía al finalizar la Primera Guerra Mundial y cuando Moscú manifestó, a su vez, aspiraciones de presencia militar en los Dardanelos. En octubre de 1946, Washington envió naves de guerra al Mediterráneo para apoyar a Ankara contra las demandas soviéticas.

Cuatro meses más tarde, en febrero de 1947, el embajador británico en Washington comunicó al flamante secretario de Estado norteamericano George C. Marshall que su país no podía seguir soportando la carga que le significaba la ayuda prestada a Grecia. A su vez, presentaba al Departamento de Estado la disyuntiva de apoyar a Grecia y Turquía con unos cuantos cientos de millones de dólares o dejar caer ambos países a merced de la influencia soviética. El 12 de marzo de 1947, Harry Truman se presentó ante el Congreso de Estados Unidos con una demanda presupuestaria a favor de aquellos dos países que contenía el carácter de una declaración de guerra ideológica. Al final de su mensaje, el presidente reiteró su enunciado de la división del mundo en un "mundo libre" y un "mundo totalitario": "La simiente de los regímenes totalitarios se alimenta de la miseria y la necesidad. Ella expande y crece en la mala tierra de la pobreza y la discordia. Alcanza su pleno desarrollo cuando la esperanza de un pueblo a una vida mejor ha fenecido. Nosotros debemos mantener viva esta esperanza. Los pueblos libres del mundo esperan de nosotros apoyo para resguardar sus libertades". Con este mensaje nació la Doctrina Truman que en esencia preveía el apoyo económico-militar a regímenes considerados como amenazados por movimientos tendencial o abiertamente de izquierda.

Dos meses más tarde, el día exacto de cumplirse el segundo aniversario de la capitulación alemana, el subsecretario de Estado, Dean Acheson, expuso en Cleveland el proyecto para un vasto apoyo económico a Europa y para la reconstrucción de los "dos grandes talleres", Alemania y Japón. A comienzos de junio, George Marshall proclamó el plan que de ahí en adelante llevaría su nombre, y que de hecho constituyó el instrumento para la materialización de la Doctrina Truman. En la edición de julio de 1947 de la revista *Foreign Affairs*, George Kennan publicó un artículo en el cual bautizó el nuevo curso político con el término que ganó tanta popularidad; el periodo de la Guerra Fría se abría con la "política de contención".

Si la Doctrina Truman fue consecuencia del claro designio soviético por ampliar su esfera de influencia en Europa oriental, la sovietización de los países de esta región (es decir la subordinación de su vida política y por ende de la social y económica a las metas de los partidos comunistas de orientación moscovita) fue la respuesta a aquella doctrina. Como había sucedido ya a partir de 1939 en los territorios que pasaron al control de la Unión Soviética a consecuencia del pacto que este país firmó con Alemania una semana antes de iniciarse la Segunda Guerra Mundial, en el correr del año 1947 se produjo una liquidación radical de las fuerzas de oposición a un régimen comunista en casi todos los países ocupados por tropas soviéticas. En febrero fue apresado en Hungría el secretario general del influyente Partido de los Pequeños Campesinos, Béla Kovács; en otoño fue ejecutado en Bulgaria el líder opositor Nikola Petkoff; Mikolajczyk tuvo que huir de Polonia y en Rumania se inició el proceso contra el dirigente del Partido Campesino Nacional, Juliu Maniu. En Francia e Italia los partidos comunistas iniciaron su masiva campaña para evitar la implementación del Plan Marshall en sus países. Al año siguiente, entre febrero y diciembre, se consumó la formación de los partidos unificados en todos los países del Este europeo, incluyendo Checoslovaquia, donde en aquel mes los comunistas, que hasta entonces participaron de manera subordinada en un gobierno burgués de carácter "antifascista", lograron imponer su hegemonía.

En marzo de 1948 el director de un Ministerio de Defensa Unificado establecido en Washington, James Forrestal, reclamó un programa de rearme "no el próximo año, o el mes siguiente, cuando los ricos trofeos de Italia septentrional, la cuenca del Ruhr, Suecia y Francia podrían estar en su poder [de los comunistas], sino inmediato".

Cuando la Guerra Fría pasó a ser el factor determinante en las relaciones internacionales, Alemania no sólo era un país militarmente derrotado, sino también un país sin articulación económica y política propia. El reconocimiento, declaradamente provisional, que Estados Unidos y Gran Bretaña dieron durante la Conferencia de Potsdam (17 de julio a 2 de agosto de 1945) a la nueva frontera oriental alemana a lo largo de los ríos Odra y Neisse y el respaldo de estos países a la expulsión masiva de alemanes del Este europeo se reveló en su perspectiva histórica como cesión definitiva a favor de la Unión Soviética y de Polonia de 24% de la superficie territorial que abarcaba el Reich alemán en sus fronteras de 1937. Los restantes casi 357 000 km^2 fueron divididos en cuatro zonas de ocupación militar: la soviética, en la parte oriental, que comprendía un territorio de 107 800 km^2 con una población de algo más de 17.3 millones de habitantes; la norteamericana, que incluía los estados de Baviera, Hesse, Wurtemberg-Baden y Bremen, con una extensión territorial de 107 500 km^2 en la que vivían aproximadamente 17 millones de habitantes; la británica, en la región noroccidental, con casi 98 000 km^2 y algo más de 22.3 millones de habitantes, y la francesa, en el suroccidente, con casi 43 000 km^2 y poco menos de 6 millones de habitantes. A su vez, la Unión Soviética, Estados Unidos, Gran Bretaña y Francia dividieron la ciudad de Berlín en cuatro sectores, instalando en ella al Consejo de Control Interaliado, órgano supremo de las potencias de ocupación, a cuya cabeza se encontraban los comandantes en jefe de las fuerzas armadas de estas potencias.[1]

[1] Al respecto Estados Unidos, Gran Bretaña y la Unión Soviética firmaron el 12 de septiembre de 1944 los Protocolos de Londres que deben ser considerados como los documentos más importantes respecto a la división de Alemania en zonas de ocupación militar. El 14 de noviembre de 1944 fue firmado otro acuerdo entre los países señalados conforme al cual la autoridad suprema en Alemania quedaba en manos de los comandantes en jefe de las fuerzas armadas de ocupación, tanto respecto a las sendas zonas de ocupación como respecto a asuntos referentes al país en su conjunto.

Durante exactamente cuatro años, entre mayo de 1945 y mayo de 1949, Alemania careció de gobierno unitario propio. Al quedar mediatizada su historia por la ocupación militar foránea y por el enfrentamiento Este-Oeste, el país pasó de sujeto a objeto histórico y se encaminó indefectiblemente a su división política.

Cuando el 8 de mayo de 1945 se derrumbó el régimen nacionalsocialista, el pueblo alemán quedó enfrentado a un problema fundamental: el de la destrucción y la miseria colectiva.

Las tremendas limitaciones materiales tenían su origen en las destrucciones causadas por la guerra. Si bien ésta tan solo afectó aproximadamente 20% de la capacidad industrial del país (por razones hasta el presente no aclaradas debidamente), tuvo un impacto mucho mayor para la infraestructura del país. Desvastadas quedaron prácticamente todas las líneas férreas, los túneles y puentes importantes. En las zonas occidentales, 60% de las carreteras quedó totalmente destruido o seriamente dañado. Únicamente un tercio de las locomotoras y dos tercios del restante material rodante ferroviario eran todavía utilizables. Las vías fluviales, de gran importancia en la Europa central, sobre todo para el transporte de materia prima, quedaron bloqueadas por escombros, minas y barcos hundidos.

Los desmontajes, que no alcanzaron una magnitud relevante únicamente en la zona de ocupación soviética, sino también en la francesa, así como el pago de reparaciones acordado en Yalta y ratificado en la Conferencia de Potsdam, por el cual la Unión Soviética, a cambio de materias primas y productos agrícolas, debía percibir 50% de determinados productos de las zonas occidentales (remesas que fueron anuladas a partir de mayo de 1946) impedían una reactivación eficaz y perseverante del aparato productivo. Un factor adicional que conspiraba contra el fortalecimiento de la economía fue el desmembramiento del mercado unificado que existió hasta mayo de 1945. Al quedar dividida Alemania en cuatro zonas de ocupación militar no se produjo únicamente una división administrativa del país. Buena parte de los tradicionales flujos económicos y comerciales quedaron desarticulados y hasta completamente interrumpidos. Esta situación, particularmente notoria debido al enclaustramiento de las zonas soviética y francesa, empezó a cambiar a partir de enero de 1947 cuando, con la creación de la bizona se produjo la unificación económica de la zona británica y norteamericana a la cual, en marzo de 1948, también se acopló la francesa. Fuertemente afectado quedó asimismo el comercio exterior, circunstancia especialmente grave para una nación que desde su unificación en 1871 fue siempre altamente dependiente de la exportación de bienes manufacturados y de la importación de materias primas. En las zonas de ocupación británica y norteamericana, que incluían el centro minero y siderúrgico de la cuenca del Ruhr así como las importantes ciudades portuarias de Hamburgo y Bremen, el flujo comercial internacional apenas alcanzó en 1945 alrededor de 33% del de 1936. Las amputaciones territoriales, la falta de vías de comunicación y de insumos industriales, la reducida capacidad industrial para suministrar al agro suficiente maquinaria y abonos químicos repercutieron en el potencial productivo de la mano de obra al reducir el consumo promedio diario por habitante de 2 000 calorías a comienzos de 1945 a 1 000 entre 1945 y 1946. El promedio de peso de un hombre adulto llegaba escasamente a 51 kilos. La falta de bienes favoreció el florecimiento del mercado negro en el cual, debido a la pérdida de valor del signo monetario a consecuencia de la economía bélica del nacionalsocialismo, el cigarrillo norteamericano se convirtió en la unidad de valor más significativa. Por una cajetilla de 20 cigarrillos se podía obtener en el mercado negro 160 Reichsmark, mientras que un minero de la cuenca del Ruhr sólo ganaba semanalmente 60 marcos.

La capitulación incondicional de Alemania en mayo de 1945 no sólo dejó enfrentados a sus habitantes con la situación económica sucintamente descrita. La tradición del Estado autoritario guillermino y posteriormente del totalitario nazi, que sólo demandaron de los ciudadanos obediencia ciega y cumplimiento del deber, dejaron a la abrumadora mayoría de la población sin conciencia de los valores democráticos y liberales. Así, todavía en 1952 una encuesta del Instituto Allensbach respecto al sentimiento democrático de la población de la República Federal de Alemania arrojó el siguiente resultado: sólo 20% de los encuestados mostraron interés por la Ley Fundamental de carácter democrático-liberal con la cual fue institucionalizada esta república en 1949, más de 40% manifestó su indiferencia frente a ella y 57% consideraron al nacionalsocialismo como "una buena idea" que únicamente fue "mal ejecutada" [*Die Zeit*, núm. 2, 3 de enero de 2002].

Sin embargo, en los años inmediatamente posteriores a la finalización de la Segunda Guerra Mundial, no fue este sentir de la masa de la población el que dominó el ámbito del discurso político.

De 1945 a 1948 predominó en Alemania más bien un espíritu sintetizado en la expresión "nunca más". Mientras la población removía los escombros y batallaba por obtener alimento, vestimenta, vivienda y materia prima para la calefacción, el escritor Reinhold Schneider, prominente miembro del movimiento de resistencia católico contra el nacionalsocialismo, resumía este anhelo en los siguientes términos: "La voluntad de paz incondicional, ésta es la tarea que el mundo puede exigir de Alemania. Es la tarea que debe reintegrar al pueblo alemán al mundo". Corrientes religiosas y concepciones muy disímiles convergían en un sentimiento de culpabilidad, en la necesidad de reedificar a la nación con base en valores profundamente humanistas, pero también en la convicción de superar el orden económico capitalista. Con diversos acentos, escritos de historiadores como Gerhard Ritter (*La historia como poder cultural. Un aporte para la recreación histórico-política*, Stuttgart, 1946) y Friedrich Meinecke (*La catástrofe alemana. Consideraciones y remembranzas*, Wiesbaden, 1946), la Declaración de Culpabilidad emitida en octubre de 1945 por la Iglesia evangélica —que denunciaba el fracaso de los cristianos frente al régimen terrorista nazi—, filmes y una vasta literatura profusamente leída buscaron articular y dar respuestas a estos imperativos. El veredicto sobre la culpabilidad del gran capital, de la industria y de la nobleza prusiana en el acontecer histórico alemán y europeo de 1933 a 1945 lo compartían desde hombres de orientación política tan diferente como el economista Wilhelm Röpke, considerado más tarde "padre de la economía social de mercado", el fundador del periódico católico *Rheinischer Merkur*, F.A. Kramer, miembros de la democracia cristiana reunidos alrededor de la revista *Frankfurter Hefte*, como Eugen Kogon y Walter Dirks, o en el Grupo Berlín, como Jakob Kaiser y Ernst Lemmer, que favorecían un socialismo cristiano, hasta el carismático primer líder de posguerra del Partido Socialdemócrata, Kurt Schumacher, o Alexander Abusch, quien años más tarde ocupó por algún tiempo el Ministerio de Cultura de la República Democrática Alemana. El marxista ortodoxo Viktor Agartz coincidía con los socialdemócratas reformistas Alfred Weber y Alexander Mitscherlich, así como con el "vocero de la generación de guerra", Hans Werner Richter, en la necesidad de superar la economía capitalista a favor de un orden socialista. En este espíritu, el Partido Socialdemócrata demandó en sus principios programáticos económicos de octubre de 1945 la socialización de la minería, de la industria pesada, de las fuentes de energía, del transporte así como de la banca y las compañías de seguros, planteando que la situación estaba madura como para convertir el socialismo en asunto de todo el pueblo alemán. E incluso en el programa de 1947 de la Unión Demócrata Cristiana, el Ahlener Programm, encontramos el párrafo siguiente: "El sistema capitalista no ha respondido adecuadamente a los intereses políticos y sociales del pueblo alemán. Después del terrible colapso político, económico y social... sólo puede venir un radical orden nuevo. Contenido y meta de este orden social y económico no puede ser más el afán de ganancia y poder capitalista sino únicamente el bienestar de nuestro pueblo".

Desde 1945 se crearon espontáneamente en centenas de lugares, no sólo en la zona de ocupación soviética, comités antifascistas que unieron a comunistas, socialdemócratas y democratacristianos.

En diciembre de 1946 se realizó un plebiscito en Hesse para aprobar la nueva constitución del flamante Estado. En votación separada sobre el Art. 41, que preveía la estatización de la minería y de las empresas de hierro, acero y energía así como de los grandes bancos, 71.9% se pronunció a favor de su ejecución. En febrero de 1947, la Asamblea Municipal de Berlín, en la cual el Partido Socialdemócrata y los partidos de centro-derecha tenían mayoría, aprobó por amplio margen una ley para colectivizar los grandes consorcios. El 6 de agosto de 1948, el parlamento de Renania del Norte-Westfalia avaló con votos comunistas, socialdemócratas y democratacristianos una ley para la estatización de la minería carbonífera.

Es incuestionable que esta imponente corriente de renovación nacional fue sumamente heterogénea. Confluían en ella desde abstractos planteamientos del humanismo cristiano, pasando por programas de partidos y constituciones de Estado como los mencionados, que daban mayor énfasis al resguardo de la dignidad humana y a libertades individuales en el clásico sentido burgués que a proyectos de socialización, hasta proposiciones de corte comunista ortodoxo. En consecuencia, también bajo el término socialismo, convertido casi en bien común, se entendían cosas muy dispares. Lo que está fuera de duda es que la gran mayoría de sus voceros, en cierta medida incluso comunistas, anhelaba instaurar un sistema con fuerte intervención estatal, el cual debía generar un orden sociopolítico diferente al centralista y autoritario que Stalin había establecido en la Unión Soviética; y que en él debían existir amplias libertades individuales, incluso una esfera para la iniciativa económica privada.

Hasta el presente continúa en la historiografía de la República Federal de Alemania un amplio debate sobre las posibilidades inmanentes en aquella corriente de renovación para articular un sendero histórico diferente al que finalmente se plasmó. Se trata de aportes en los cuales cada vez nuevos detalles provenientes de la investigación son conjugados con especulaciones sobre el significado que ellos habrían podido tener para determinar un rumbo diferente en el destino alemán. Justamente el carácter necesariamente especulativo de este tipo de indagaciones hace imposible evaluar las condiciones para la viabilidad de un proceso distinto al que finalmente se dio. El estatus de país militarmente ocupado por potencias que entraron en una fase de abierto enfrentamiento determinó el curso histórico y cerró el camino a toda otra opción potencial.

En la Conferencia de Potsdam los aliados de la coalición antihitleriana fijaron la línea política frente a Alemania en los siguientes términos: "El militarismo y el nazismo alemán serán exterminados y los aliados fijan, a su vez, con base en acuerdos recíprocos en el presente y futuro, las medidas necesarias para que Alemania no pueda amenazar nunca más a sus vecinos o el mantenimiento de la paz mundial". Los acuerdos de la Conferencia incluían además la demanda de "liquidar la excesiva concentración existente en la economía, representada sobre todo por cárteles, sindicatos, trusts y otros acuerdos monopólicos".

Considerando los criterios dispares que tuvieron los aliados occidentales por un lado, la Unión Soviética por el otro respecto a la liquidación del fascismo, no sorprende que la postulada avenencia sobre las medidas para concretar estas estipulaciones así como sobre la controvertida cuestión del pago de reparaciones resultó quimérica.

Ya en septiembre de 1945 se decretaron leyes de reforma agraria en la zona de ocupación soviética que afectaron a un tercio de las tierras aptas para la agricultura. Sin indemnización fueron expropiadas 3 millones de hectáreas; en su gran mayoría tierras de propietarios que poseían más de 100 hectáreas y que fueron catalogados como beneficiarios del régimen nazi. Las tierras fueron transferidas a un fondo agrícola y en parte entregadas a medio millón de campesinos en unidades de entre 5 y 10 hectáreas. Hasta mediados de 1946 en aquella zona se habían estatizado el sistema bancario, las compañías de seguros y aproximadamente 50% de los complejos industriales. Paralelamente las empresas de un mismo ramo de producción fueron unificadas en Empresas Asociadas de Propiedad del Pueblo (*Volkseigene Betriebe*, VEB), las cuales pasaron a ser administradas de forma centralizada. A su vez se creó la Comisión Económica Alemana, cuyas atribuciones fueron ampliadas hasta 1948 de manera tal que llegó a conformar un poderoso ente para planificar toda la economía. En la primavera de 1947 fueron expropiadas todas las riquezas naturales y las empresas mineras. A fines de junio de 1948 se decidió emprender la transición a la economía planificada.

A diferencia de los soviéticos, los anglo-americanos inicialmente no tuvieron una concepción clara y unívoca para aplicar los acuerdos de Potsdam. Si bien en Estados Unidos, pero sobre todo en Gran Bretaña, gobernada desde 1945 por el partido laborista de Attlee, existieron tendencias que favorecían procesos de descentralización económica y socialización en Alemania, en las zonas de ocupación occidental se impuso rápidamente una política de bloqueo a medidas de expropiación y de apoyo a la conformación de una economía basada en la libre empresa. En Berlín los Estados Unidos combatían junto a la socialdemocracia la fuerte influencia de comunistas en el movimiento sindical. En la denominada bizona, creada en enero de 1947 cuando se fusionaron las zonas de ocupación norteamericana y británica a nivel económico, ellos pugnaban contra socialdemócratas y británicos para evitar medidas de socialización. En marzo de 1947 el ministro de Relaciones Exteriores británico, Ernest Bevin, declaró que en Alemania era imposible devolver las industrias del carbón y el acero a sus ex propietarios. El 23 de agosto del año siguiente el gobernador de Gran Bretaña en Renania del Norte-Westfalia suspendió la ley para socializar la minería carbonífera aprobada por el parlamento de este Estado dos semanas antes. Las potencias occidentales primero interceptaron y finalmente disolvieron los comités antifascistas que se habían creado en sus zonas de ocupación. Washington vetó la aplicación de estatizaciones prevista en el Art. 41 de la Constitución de Hesse, negando a las instituciones públicas de este Estado la competencia para hacer efectiva la medida y la Comandatura de la Ciudad de Berlín no ratificó la ley de colectivización aprobada por la Asamblea Municipal de la ciudad.

En tanto que en la zona de ocupación soviética a partir de los decretos de reforma agraria de septiembre de 1945 se transitó paso a paso al establecimiento de una economía planificada, la reconstrucción económica de la Alemania occidental, que daría lugar al denominado "milagro económico" de las décadas de los 50 y los 60 del siglo XX, respondió particularmente, como lo ha expresado el historiador Josef Becker "al autointerés ilustrado de Estados Unidos por lograr el funcionamiento de un mercado de consumo de 270 millones de personas en la Europa occidental y central…". Al finalizar la guerra en 1945 no existía en el mundo un país tan urgido por encontrar mercados para exportar capitales y bienes como Estados Unidos, nación que no había sufrido destrucciones durante la conflagración mundial y cuya capacidad financiera y productiva superaba de lejos a la de cualquier otra nación del mundo. Las fórmulas de "puertas abiertas para el comercio internacional" y del *one world*, proclamadas en la Carta del Atlántico por Roosevelt en 1941, sintetizaban esta perentoria necesidad de la misma manera que el discurso de carácter programático pronunciado por el secretario de Estado norteamericano, Byrnes, el 6 de septiembre de 1946 en Stuttgart al declarar que las decisiones tomadas en la Conferencia de Potsdam un año antes concernientes al limitado grado de industrialización que podía otorgarse a Alemania no debían ser consideradas como definitivas. Manifestó, a su vez, que ahorros obtenidos gracias al trabajo duro y a la vida sencilla podrían servir para la reconstrucción de una industria alemana destinada a fines pacíficos. Este discurso marcó el inicio de una clara reorientación de la política de Washington respecto a Alemania que ganó rápidamente vigor debido a los acontecimientos internacionales vinculados al comienzo de la Guerra Fría.

Cuando el 5 de junio de 1947 el nuevo secretario de Estado George Marshall dio a conocer el plan de ayuda económica de su país para Europa no era ya tema de discusión en las altas esferas de la política norteamericana si la parte occidental de Alemania participaría de él. Esto se dio por sobreentendido pues el plan no fue solamente un mecanismo para solucionar la necesidad de nuevos mercados que tenía la economía de Estados Unidos. Fue, asimismo, un instrumento de la política de contención y, paralelamente, de estabilización de Europa al oeste del río Elba enmarcado en los cánones de una economía de mercado y de un sistema democrático pluralista de corte occidental. Para ambas finalidades la parte occidental de Alemania, tanto por su posición geopolítica como por su potencial económico y humano, fue considerada pilar fundamental. Como producto del Plan Marshall o Programa de Recuperación Europea, como se denominó oficialmente, 17 000 millones de dólares fluyeron a Europa durante cuatro años y medio, de los cuales entre 1948 y 1952 las zonas occidentales alemanas de ocupación y, a partir de su creación, la República Federal de Alemania obtuvieron 1 560 millones. Con ello, el problema de la falta de capitales, que constituía el impedimento fundamental para un crecimiento sostenido de las fuerzas productivas, quedó solucionado. Con la inclusión de las regiones occidentales del país en el Plan Marshall quedó definida la disputa que se inició en Alemania sobre el orden económico que debería implementarse en ella. A diferencia de lo que sucedió en la zona de ocupación soviética, en estas regiones nunca existieron fuerzas sociales suficientemente fuertes para instituir una economía planificada al estilo soviético.

Fue en este transfondo que en el mismo mes en que en los territorios al este del Elba se proclamó la transición a la economía planificada, en las zonas de ocupación occidentales se decretó una reforma monetaria (el 20 de junio de 1948) que allanó definitivamente el camino para la iniciativa privada en la economía.

La proclamación de la República Federal de Alemania en mayo de 1949 y de la República Democrática Alemana en octubre del mismo año fue el corolario político del profundo desfase en el desarrollo socioeconómico que entre 1945 y 1948 se había dado en las diversas zonas de ocupación. Si en la oriental los comunistas alemanes encontraron en la presencia soviética el respaldo necesario para lograr el control del poder, en la occidental la Unión Demócrata Cristiana liderada por Adenauer tuvo en Estados Unidos el resguardo imprescindible para establecer un sistema político en el cual la burguesía era nuevamente la fuerza decisiva.

Cuatro años después de la capitulación incondicional se desvanecía definitivamente el empeño de la "hora cero" por encontrar un nuevo camino de soberanía nacional. La derrota del nacionalsocialismo había abierto el camino a la Guerra Fría; ésta dejaba una Alemania políticamente dividida, de la cual cada una de las partes pasó rápidamente a convertirse en principal bastión de las nuevas potencias hegemónicas en el mundo.

Bibliografía

Becker, Josef, Theo Stammen y Peter Waldmann (eds.), *Vorgeschichte der Bundesrepublik Deutschland*. Munich (Fink), 1979.

Benz, Wolfgang, *Potsdam 1945. Besatzungsherrschaft und Neuaufbau im Vier-Zonen-Deutschland*. Munich (dtv), 1986.

——, (ed.), *Deutschland unter alliierter Besatzung 1945-1949/55. Ein Handbuch*, Berlín (Akademie-Verlag), 1999.

Deighton, Anne, *The Impossible Peace. Britain, the Division of Germany, and the Origins of the Cold War*. Oxford (Clarendon), 1990.

Deutschland 1945-1949. Besatzungszeit und Staatengründung. Informationen zur politischen Bildung 259, Bonn (Bundeszentrale für politische Bildung), 2. Quartal, 1998.

Eisenberg, Carolyn, *Drawing the Line. The American Decision to Divide Germany, 1944-1949*. Cambridge (Cambridge University Press), 1996.

Eschenburg, Theodor, *Jahre der Besatzung 1945-1949*. Stuttgart (Deutsche Verlagsanstalt), 1983.

Graml, Hermann, *Die Alliierten und die Teilung Deutschlands. Konflikte und Entscheidungen 1941-1948*. Francfort del Meno (Fischer), 1985.

Grosser, Alfred, *Geschichte Deutschlands seit 1945. Eine Bilanz*. 13ava. ed., Munich (dtv), 1987, pp. 41-120.

Herbert, Ulrich, y Axel Schildt (eds.), *Kriegsende in Europa. Vom Beginn des deutschen Machtzerfalls bis zur Stabilisierung der Nachkriegsordnung 1944-1948*. Essen (Klartext), 1998.

Hoffmann, Joachim, y Werner Ripper, *Deutschland im Spannungsfeld der Siegermächte (1945-1949)*. Themenhefte Weltgeschichte im Aufriß, Francfort del Meno (Diesterweg), 1982.

Hogan, Michael, *The Marshall Plan. America, Britain, and the Reconstruction of Western Europe, 1947-1952*. Cambridge (Cambridge University Press), 1988.

Kleßmann, Christoph, *Die doppelte Staatsgründung. Deutsche Geschichte 1945-1955*. 5ta. ed., Gotinga (Vandenhoeck & Ruprecht), 1991.

Leffler, Melvyn P., *The Struggle for Germany and the Origins of the Cold War*. Washington, D.C. (German Historical Institute, Occasional Paper 16), 1996.

Loth, Wilfried, *Die Teilung der Welt. Geschichte des Kalten Krieges 1941-1955*. 4ta. ed., Munich (dtv), 1983.

——, Die doppelte Eindämmung. Überlegungen zur Genesis des Kalten Krieges 1945-1947, en: *Historische Zeitschrift*, núm. 238, 1984, pp. 611-631.

Mastny, Vojtech, *The Cold War and Soviet Insecurity. The Stalin Years*. Nueva York (Oxford University Press), 1996.

Naimark, Norman, *The Russians in Germany: A History of the Soviet Zone of Occupation, 1945-1949*. Cambridge, Mass. (Belknap Press), 1995.

Schmidt, Eberhard, *Die verhinderte Neuordnung 1945-1952*. Francfort del Meno (Europäische Verlagsanstalt), 1970.

Staritz, Dietrich, *Die Gründung der DDR. Von der sowjetischen Besatzungsherrschaft zum sozialistischen Staat*. Munich (dtv), 1984.

Willis, F. Roy, *The French in Germany, 1945-1949*. Standford, Calif. (University Press), 1962.

ORDEN CONSTITUTIVO
DE LA REPÚBLICA FEDERAL DE ALEMANIA.
RETROSPECTIVA Y DESAFÍOS

León E. Bieber

Los principios normativos con base en los cuales fue creada la República Federal de Alemania se remontan a los años 1948 y 1949. En junio de aquel año se puso en práctica en las zonas ocupadas por los aliados occidentales de la Segunda Guerra Mundial una reforma monetaria, seguida por una rápida liberalización de los precios, que allanó el camino al establecimiento de una exitosa economía de mercado. Poco menos de un año más tarde, en mayo de 1949, un Consejo Parlamentario, compuesto por diputados de los once estados que para entonces se habían conformado en aquellas zonas, aprobó una Ley Fundamental que postulaba los principios constitucionales para unificar a esos estados en una república. Dicha ley contenía un pormenorizado catálogo de derechos fundamentales intangibles del ser humano y profesaba la adhesión a la democracia, a la división de poderes, al federalismo, así como al Estado de derecho y al Estado social. Tanto los derechos fundamentales como estas disposiciones constitucionales fueron declaradas inmutables, no pudiendo, por ende, ser alterados por ningún poder estatal. En este trasfondo de una economía de mercado ya en despegue y de un orden constitucional democrático que respeta plenamente las libertades individuales y otorga al Estado derechos y deberes respecto al bienestar de sus ciudadanos se constituyó, el 23 de mayo de 1949, la República Federal de Alemania.

La exposición que sigue intenta explicar primeramente las razones debido a las cuales estos valores de índole económica y jurídico-política lograron afianzarse rápidamente hasta ser ampliamente aceptados por la abrumadora mayoría de la población. Seguidamente aludirá a los principales problemas con los que se vio enfrentado el orden establecido en el correr de las primeras cuatro décadas de su existencia para referirse luego a los aún más serios que enfrenta desde inicios de la década de los 90. Finalmente hará referencia a la variada gama de posiciones que existen para enfrentar y superar los desafíos actuales.

La rápida consolidación del nuevo orden republicano en la parte occidental de Alemania no puede explicarse sin su vertiginosa reconstrucción económica gracias al Plan Marshall, el cual fue, a su vez, producto de la Guerra Fría y, como lo expresó el historiador Josef Becker, resultado del interés ilustrado de Estados Unidos por acceder a un potencial mercado de consumo de 270 millones de personas en la Europa occidental y central. Cuando el 5 de junio de 1947 el secretario de Estado George Marshall dio a conocer el plan que desde entonces llevaría su nombre, no era ya tema de discusión en las altas esferas políticas de Washington si la parte occidental de Alemania participaría de él. Ello estaba sobreentendido. No solamente por la necesidad que tenía la economía norteamericana de encontrar mercados, sino, asimismo, porque el plan preveía estabilizar la turbulenta situación europea en el marco de una economía de mercado y de sistemas democráticos liberales, con la finalidad de contener los designios expansionistas soviéticos. Tanto por su posición geopolítica como por su potencial económico y humano, la parte occidental de Alemania fue considerada pilar fundamental de esta política. Como producto del Plan Marshall la República Federal de Alemania obtuvo hasta 1952 1 560 millones de dólares. Con ello el problema de la falta de capital, que constituía el mayor obstáculo para un crecimiento sostenido de las fuerzas productivas, quedó solucionado, abriéndose paso al denominado "milagro" económico alemán. Con la afluencia de recursos financieros y la mencionada reforma monetaria, que eliminó la fantástica discrepancia entre el dinero circulante y la oferta de bienes y servicios, creando asimismo una sólida confianza de la población en el nuevo marco, las olas de protesta social, como la del invierno de 1946-1947, y el resquemor contra las potencias de ocupación comenzaron a desvanecer. El principio de libre empresa y la estructura política impuestos exógenamente pasaron a contar con un apoyo cada vez más acentuado de la población. Al cerrarse la década de 1940 el proceso de reconstrucción económica transformaba aceleradamente el panorama de destrucción y miseria, particularmente de los grandes centros urbanos. Se restablecía la confianza en el trabajo y el progreso, hecho que durante el largo mandato de Konrad Adenauer contribuyó a relegar al olvido el ominoso pasado reciente. Un notable proceso de industrialización en las tradicionales ramas de bienes de producción y de productos químicos y eléctricos, una pujante industria de automotores, una mano de obra laboriosa y altamente calificada gracias a una eficiente formación profesional y un financiamiento industrial centrado en el sistema bancario confirieron considerable competitividad internacional a la economía, determinando su marcada orientación al mercado internacional. Los superávit en la balanza comercial facilitaron políticas sociales distributivas que favorecían a prácticamente todos los estratos de la población, determinando una respetable homogeneidad en la distribución de la riqueza y, concomitantemente, la integración de asalariados y del movimiento sindical al sistema.

El arraigo de los valores constitutivos del orden republicano no puede, sin embargo, explicarse únicamente a partir de la exitosa reconstrucción económica. A su incuestionable importancia se suman múltiples factores de índole social y política. Sin agotar el tema, cabe mencionar al menos sucintamente seis de ellos.

En notorio contraste con lo ocurrido durante la República de Weimar, después de 1945 se consumó en el seno de las elites económicas y en un importante sector conservador una marcada reorientación política, que fue parcialmente producto de la hecatombe ocasionada por el nacionalsocialismo y, al menos inicialmente, un simple oportunismo. La presencia del Ejército Rojo en las márgenes del río Elba y las vigorosas demandas de expropiación de la gran industria y de la banca en las propias zonas de ocupación occidentales promovieron en ellos una disposición favorable a los principios democráticos y liberales anglo-americanos. Mientras que magnates de la economía y líderes políticos, muchos de ellos rápidamente rehabilitados, no reavivaron sus sueños imperialistas materializados brutalmente entre 1939 y 1945, funcionarios públicos que habían servido ya a dos regímenes anteriores reaparecieron en sus escritorios sin retomar la sutil postura asumida entre 1919 y 1932 de respetar al Estado despreciando su orden democrático. Por su parte, la expropiación de los grandes latifundios al este del Elba destruyó la casta de los nobles, convirtiendo a la inmensa mayoría que huyó a las regiones occidentales de Alemania en ciudadanos con posibilidades de ascenso social muchas veces no diferentes a las de otros conciudadanos. Para estos grupos sociales mencionados, el sistema democrático y pluralista se presentó como opción idónea de reacomodo y sobrevivencia en los años posteriores a la finalización de la guerra. Al fusionar a estas viejas elites con demócratas moderados, la Unión Democrática Cristiana y el Partido Democrático Liberal se convirtieron en la expresión política de esta profunda transformación.

La integración del factor capital y del factor trabajo tuvo también una influencia decisiva en el afianzamiento del sistema económico y político. Con las atribuciones otorgadas a los consejos de empresa y con la implementación de formas de cogestión a partir de 1952, los asalariados obtuvieron importantes derechos. Sindicatos y federaciones empresariales participaron de la política económica, sea mediante sus negociaciones autónomas sobre salarios y condiciones laborales, sea mediante acciones concertadas con la participación del Estado. La tradicional disposición de los gremios de asalariados y de entidades patronales públicas y privadas a la concertación y a dejar cuestiones políticas en manos de los partidos, del parlamento y del gobierno han tenido un impacto decisivo para la paz social y la estabilidad política.

Una tercera condicionante para la consolidación del nuevo orden republicano se remite a la capacidad mostrada por los partidos de renovarse socialmente y adecuarse programáticamente a nuevas realidades. La Unión Democrática Cristiana, que con debida razón hasta fines de la década de 1960 fue calificada de partido de notables o partido del Canciller, logró transformarse a partir de entonces en una organización de masas moderna. Entre 1970 y 1977 duplicó su número de afiliados al conseguir atraer a una gran cantidad de protestantes, de jóvenes y de mujeres, grupos hasta entonces subrepresentados en sus filas. En 1959, el Partido Socialdemócrata renunció a sus posiciones clasistas y aceptó incondicionalmente la economía de mercado, logrando de esta manera obtener el apoyo de amplios sectores asalariados de clase media y de obreros católicos tradicionalmente vinculados a la Democracia Cristiana. Por su parte, el Partido Democrático Liberal, que durante dos décadas tuvo su base social entre campesinos protestantes, artesanos, comerciantes y empresarios que ostentaban una marcada orientación nacionalista-conservadora, se convirtió en polo de atracción para empleados, funcionarios y jóvenes profesionales liberales al retomar viejas tradiciones eminentemente liberales progresistas. La disposición al diálogo y a diversas formas de cooperación con el bloque oriental a partir de fines de los años 60, y sobre todo a partir de la década siguiente por un lado, y el mayor grado de liberalidad y de democratización practicado durante el gobierno de Willy Brandt durante el primer lustro de los 70 por el otro, reflejaban la flexibilidad del sistema político para enfrentar cuestiones internacionales y responder a cambios y demandas de la sociedad civil.

La ausencia de fuerzas contestatarias poderosas de extrema izquierda y extrema derecha, como aquellas a las que se vio enfrentada la República de Weimar desde su inicio y —también aquí a diferencia de lo acontecido en esa república— la eficiente subordinación de las Fuerzas Armadas al orden democrático son dos elementos relevantes adicionales que explican el arraigo de los valores constitutivos establecidos entre 1948 y 1949.

Este arraigo fue, a su vez —y con ello paso al sexto y último factor—, producto de la capacidad del sistema de asimilar transformaciones en su código de valores, hecho que permitió ampliar y enriquecer su carácter pluralista. Los aproximadamente 12 millones de alemanes que huyeron o fueron expulsados de Europa oriental y central entre aproximadamente 1944 y 1949, asentándose en la parte occidental de Alemania, contribuyeron decisivamente a transformar el carácter rural en muchas de sus regiones y a promover la tolerancia confesional. Ellos desempeñaron un importante papel en el proceso de modernización de carácter conservador que conoció la República Federal de Alemania a partir de fines de los años 40 e inicios de los 50, al aportar, por un lado, elementos innovadores y progresistas respecto al desarrollo económico, y al mantener por el otro su conducta política conservadora. Escasamente una década y media más tarde, la tradición conservadora con marcados rasgos autoritarios que había sobrevivido en la república comenzó a ser cuestionada vigorosamente por una juventud que se hacía eco del estilo norteamericano de vida y depositaba su confianza en un crecimiento material sin límites, mientras que una rebelión estudiantil, que llegó a permear a sectores del movimiento sindical y de la socialdemocracia, actualizó los debates sobre democracia y autoritarismo, fascismo y restauración, centro y periferia mundial, terminando por cuestionar el descontrolado desarrollo de las fuerzas productivas. Productos de esta rebelión fueron iniciativas cívicas y, sobre todo, el surgimiento de tendencias ecologistas cuyo ingreso a municipios y parlamentos estaduales data de fines de la década de 1970.

El pujante proceso de industrialización, el alto grado de inserción en el mercado internacional, el bienestar y la paz social, así como un amplio consenso político respecto a las normas y valores fundamentales del sistema determinaron que escasamente una década después de su creación, la República Federal de Alemania llegase a ocupar uno de los primeros lugares entre las naciones más avanzadas del mundo, tanto por su desarrollo económico y participación en el comercio internacional como por el ingreso per cápita de sus habitantes. Con base en esta realidad, a mediados de los años 70 el Partido Socialdemócrata comenzó a popularizar el término "modelo alemán" para designar aquella exitosa combinación de integración económica y política internacional con una substancial cohesión social y estabilidad política en el ámbito nacional. Si en la campaña electoral de 1976 elogió al modelo como paradigmático frente al electorado, a fines de la década pasó a recomendar a países europeos vecinos su imitación. Prosperidad económica, consenso social y estabilidad política: era éste el modelo que terminó por denominarse "variante renana del capitalismo", la cual también la Organización para la Cooperación y el Desarrollo Económico (OCDE) llegó a visualizar como idónea para otras latitudes.

Los justificados encomios al desarrollo de la República Federal de Alemania no permiten sin embargo soslayar —y con ello paso al segundo aspecto de esta exposición— que desde la década de 1960 su orden constitutivo se vio enfrentado con problemas políticos, sociales, sociopsicológicos y económicos. Un sistema distributivo de los impuestos cada vez más engorroso y favorable al gobierno federal, medidas de reestructuración de la enseñanza superior, la creación de instituciones para resguardar y garantizar el orden constitucional, la (hasta hace poco tiempo) absoluta falta de representación de las regiones de cada país en la Comunidad Europea, a la cual comenzaron a delegarse poderes otrora nacionales, terminaron por restringir el grado de autonomía del cual gozaron inicialmente los estados federales, realidad que ha afectado aún más severamente a las comunas y municipios. Debido a las características del sistema parlamentario alemán, no es el Poder Legislativo quien ejerce un control directo del Ejecutivo. La denominada "disciplina de fracción" en el Bundestag determina que el principal enfrentamiento político se produzca en el seno del Poder Legislativo entre el o los partidos que conforman el gobierno y los de oposición. Con ello se ha institucionalizado aquello que los politólogos han convenido en designar *Parteienstaat* (Estado de partidos), el cual reiteradamente ha distorsionado la voluntad del electorado y lleva a desvirtuar los principios de una democracia parlamentaria ideal. A su vez, las rígidas estructuras jerárquicas que se han plasmado en los partidos limitan severamente las posibilidades de una activa participación de las bases en la formulación de políticas y en procesos decisorios, los cuales, por regla, han quedado en manos de políticos profesionales y sus asesores. A mediados de la década de 1960, la república, por primera vez desde comienzos de su despegue económico, se vio enfrentada a una ola de despidos laborales. De ahí en adelante, el desempleo comenzó a crecer hasta convertirse en fenómeno masivo con carácter estructural. Paralelamente se produjeron recortes a los beneficios sociales, cuyas dimensiones se fueron ampliando a consecuencia de crecientes déficit presupuestarios y una mayor deuda pública. Ya a fines de los años 50 e inicios de los 60 se produjeron las primeras leves recesiones en el marco de la impetuosa dinámica económica inducida por el Plan Marshall y la reforma monetaria. En el transcurso de las décadas de 1960 y 1970, una creciente competencia internacional, originada particularmente en el vigoroso desarrollo de los países del Este asiático, así como innovaciones científico-tecnológicas que presagiaban la transición de la era industrial a la de la informática y de servicios determinaron la crisis de diversas industrias alemanas (la textil, de confecciones, juguetes, óptica) y de importantes centros tradicionales de producción como la del carbón en la cuenca del Ruhr.

De finales de los años 60 datan los primeros estudios sociopsicológicos que confirmaban un relajamiento de los lazos sociales y humanos, creciente temor al desempleo, incertidumbre respecto a la meta hacia la cual conduce el complejo e ininteligible engranaje de una sociedad altamente industrializada, así como la falta de orientación normativa respecto al futuro, inquietud que, a su vez, comenzó a crear incertidumbre respecto al derecho que tiene el individuo para desenvolverse libremente y su creciente subordinación a los imperativos de la racionalidad funcional del sistema. A ello es menester agregar el problema de identidad nacional entre los alemanes como producto de lo acontecido entre 1933 y 1945. De estas incertidumbres y malestares surgió una creciente crítica a los tradicionales partidos políticos y al orden vigente, crítica que desembocó en la fundación del Partido Verde en 1980 y en su ingreso a diversos parlamentos estatales y al Parlamento Europeo del Partido Republicano, de extrema derecha. La insatisfacción con la sociedad industrial moderna y sus múltiples derivaciones dio origen a una rebelión en su contra que empezó a ganar fuerza.

En 1966 se conformó un gobierno entre democratacristianos y socialdemócratas (la denominada Gran Coalición) para enfrentar los crecientes problemas económicos y sociales. Durante su gestión de escasamente tres años, el Estado, quien gracias al incesante crecimiento de la producción y de las exportaciones y a la paz social vigentes durante el decenio de 1950 se había abstenido de interferir en la esfera económica, pasó a tomar medidas para reglamentarla. Una ley de estabilidad combinada con una importante reforma financiera y un planeamiento de las finanzas a mediano plazo por un lado, acciones concertadas entre empresarios, sindicatos y el Banco Central por el otro, permitieron superar exitosamente la recesión de 1966-1967. Cuando después del primer *shock* petrolero, a comienzos de los años 70, la república, por primera vez en su historia, se vio enfrentada a una situación en la cual se conjugaban inflación, desempleo y débil crecimiento económico, la coalición gubernamental socialdemócrata-liberaldemócrata, que asumió el poder en 1969, buscó superarla con una política de tinte keynesiano más acentuada que la puesta en práctica a partir de 1966. De este modo se institucionalizaron políticas de corte neomercantilista en las cuales el Estado, como principal agente de regulación económica, intentó readecuar y modernizar la esfera productiva y elevar paralelamente el bienestar de todos los ciudadanos. En esencia, el proyecto proponía ampliar los derechos democráticos y lograr mayor justicia social como elementos funcionales para una mayor eficacia económica. El crecimiento del desempleo, de la deuda pública y del déficit fiscal hicieron evidente el fracaso de esa concepción. Por su parte, tanto los *shocks* petroleros como, sobre todo, la rápida y creciente internacionalización de los procesos de producción y de los flujos financieros, demostraban en forma cada vez más acentuada las limitaciones del Estado nacional para solucionar problemas económicos y sociales domésticos.

En su función de partido de oposición, la Democracia Cristiana comenzó a criticar el intervencionismo estatal que ella misma había incentivado en la segunda mitad de la década de 1960. El principio de subsidiaridad se convirtió en enunciado fundamental del Programa de Principios que aprobó en 1980, con el cual retomó las riendas del poder dos años más tarde. Enfrentada a las rápidas innovaciones en la esfera de la producción tanto en Estados Unidos como en el Este asiático y al concomitante peligro de que la economía del propio país pudiese perder su alto grado de competitividad internacional, la coalición de gobierno entre democrata-cristianos y liberales encabezada por Helmut Kohl comenzó a privatizar empresas públicas, flexibilizar reglamentos laborales y a reducir las tareas del Estado en favor del principio de subsidiaridad. Fue en el transcurso de la implementación de esa política cuando se produjo el desmoronamiento del Bloque Socialista y la reunificación alemana. La conjunción de ambos momentos determinó que en el correr de la década de 1990 la República Federal se viera enfrentada al mayor cúmulo y los más severos desafíos que ha conocido en el casi medio siglo de su existencia. A ellos se hará referencia en la siguiente parte de esta exposición.

Con la reunificación de Alemania, consumada el 3 de octubre de 1990, 16 millones de alemanes que durante 40 años vivieron en un sistema totalitario, pasaron a formar parte por libre determinación del orden constitutivo de la

República Federal de Alemania, de su economía de mercado y sus normas constitucionales. Más allá de toda otra ponderación, es éste el hecho de mayor trascendencia respecto a la unificación. Debido a ella, en el correr de nueve años el panorama de ciudades y aldeas así como el estilo de vida de millones se ha transformado vertiginosamente, amoldándose cada vez más al de la parte occidental del país. La modernización y ampliación de las redes de comunicación, el saneamiento de las actividades de carácter municipal y el, ciertamente todavía limitado, surgimiento de pujantes centros industriales son logros tan incuestionables como lo realizado en el ámbito de la integración administrativa, educacional, política o de las Fuerzas Armadas. Tanto estos como otros éxitos, no pueden, sin embargo, soslayar los retos que enfrenta Alemania a consecuencia de la caída del muro y su ampliación geográfica. Me limitaré a señalar escuetamente cuatro de ellos. El más serio es indudablemente el elevado grado de desempleo en los cinco nuevos estados que tiene su origen en la unión económica y monetaria que se produjo tres meses antes de la política. Con ella la República Democrática Alemana abrió de manera irrestricta su economía al mercado internacional. Al no poder competir con sus productos en este mercado y al haber perdido, paralelamente, sus mercados tradicionales en el Este de Europa, miles de empresas quebraron, mientras otras sólo consiguieron sobrevivir una vez tomadas severas medidas de racionalización de la mano de obra. Como resultado de este colapso económico, hoy una región de Alemania que aglutina escasamente 20% de su población cuenta con un índice de cesantes dos veces mayor que el resto del territorio, cifra que resultaría aún más elevada si no existiesen programas estatales que generan puestos de trabajo temporales. A este masivo desempleo se agrega el hecho de que la economía de la parte oriental del país no consigue autosustentarse debido a la escasa generación de riqueza industrial, realidad que de acuerdo con todas las previsiones no logrará ser alterada en el futuro previsible a pesar de las masivas transferencias financieras del lado occidental, que ya en 1995 llegaron a un billón de marcos. Dos problemas adicionales provienen de la disparidad de normas, costumbres, mentalidad y sentimientos entre poblaciones que durante 40 años han vivido y han socializado en mundos marcadamente diferentes, así como de la desilusión de muchos alemanes orientales con el proceso de unificación. Alemanes occidentales y alemanes orientales leen por regla diferentes periódicos, prefieren otra literatura y otros canales de televisión, su comportamiento electoral difiere, al igual que su apreciación de la democracia, el socialismo o la economía de mercado. Muchos debates centrales de la política alemana, particularmente respecto a política externa, son considerados por amplias capas de la población de los nuevos estados como asuntos del Occidente.

A estos retos de la reunificación se yuxtaponen aquellos derivados de las políticas de ajuste estructural. Si bien también éstas cuentan en su haber con indiscutibles logros —como puede apreciarse, por ejemplo, en el espíritu cooperativo tradicional entre entes empresariales públicos y privados por un lado, sindicatos y consejos de empresa por el otro en casos de privatizaciones o de racionalización laboral, y como lo comprueba, sobre todo, el efecto amortiguador que tiene el sistema de seguro social en caso de desempleo— no pueden pasarse por alto sus profundos impactos contestatarios al orden establecido, los cuales podrían acentuarse en el futuro. En la medida en que empresas alemanas, presionadas por la globalización en la esfera productiva, transfieren partes de su industria a países con ventajas comparativas en los costos de producción, convirtiéndose de este modo en *"global players"*, se relajan en el ámbito nacional no sólo los estrechos vínculos económicos y sociales que existieron entre empresarios y trabajadores, sino también aquéllos entre el sector privado de la economía y el Estado. Esta situación ha llevado a un intenso debate sobre el futuro de Alemania como centro industrial y a un acerbo enfrentamiento entre los partidos políticos del gobierno y de la oposición sobre el sistema impositivo vigente, el cual ha dominado buena parte de la última campaña electoral. La privatización de empresas monopólicas controladas por el Estado y concomitantes medidas de desregularización resquebrajan las tradicionales normas de derecho público orientadas al bienestar social en las cuales se fundamenta el sistema de servicios públicos básicos así como el tipo de relaciones laborales que predominan en éstos. Las transferencias de producción industrial al extranjero y diversas medidas de racionalización han debilitado el poder de negociación de los asalariados y cuestionan de manera cada vez más notable los modelos de negociación hasta ahora comunes entre empresarios y sindicatos en favor de un microcorporativismo a nivel de empresa.

La reunificación y los ajustes estructurales no han legado únicamente el conjunto de dificultades esbozado. Problemas expuestos anteriormente se han agudizado en el correr de la última década. Las tensiones entre el gobierno federal y los estados, así como entre éstos, han aumentado a medida que el incesante crecimiento de la deuda pública demanda mayores sacrificios a sus erarios. Cuestiones relativas a la devolución de propiedades a particulares en los nuevos estados y las discusiones respecto a un decreto de amnistía para involucrados en actividades del Servicio de Seguridad de la República Democrática Alemana enfrentan al Estado de Derecho con serios dilemas. Mientras el desempleo ha continuado su curva ascendente, la legislación de recortes en los beneficios sociales no se ha interrumpido. Estos factores, vinculados a la ya mencionada desorientación normativa, no sólo han acrecentado el malestar y la crítica al *establishment* político. Sobre todo entre la juventud de los nuevos estados ha llevado a un verdadero culto de la violencia dirigida en particular (pero no exclusivamente) contra extranjeros, que reiteradas veces culmina en horrorosos crímenes, incluyendo el del asesinato premeditado.

Planteados los problemas y desafíos que enfrenta actualmente la República Federal de Alemania, se procederá en la parte final de esta exposición a hacer un breve recuento de diversos planteamientos que existen para combatirlos y superarlos.

En comparación con países como Francia o Italia, en los cuales durante décadas existieron poderosos partidos comunistas que todavía hoy tienen relativa influencia, en la República Federal de Alemania la opción por un orden socialista nunca ha contado con apoyo significativo. Hoy su única manifestación es el Partido de la Democracia Socialista, nombre que ha tomado el Partido Socialista Unificado de Alemania, quien durante 40 años ejerció una férrea dictadura en la República Democrática Alemana. Debido al masivo apoyo con el que todavía cuenta en los nuevos estados, logró obtener en las elecciones de septiembre de 1998 5.1% del total de los votos, con lo cual ha ingresado en calidad de fracción al nuevo Bundestag. Se trata, por lo tanto, de la única fuerza política con representación parlamentaria que mantiene la convicción de que los actuales problemas económicos y sociales sólo pueden solucionarse eficazmente una vez superado el orden capitalista. Debido al estigma de su pasado histórico y a debates internos para deslindarse claramente de él, pero ciertamente también por su limitada influencia, el partido se abstiene de proclamas socialistas radicales. Hace hincapié más bien en la necesidad de un fuerte intervencionismo estatal como panacea para subsanar las desigualdades sociales, posición a partir de la cual se ha propuesto actuar como correctivo de izquierda frente a la futura coalición gubernamental de socialdemócratas y verdes. En el otro extremo del espectro político ha ganado notable vigor en el correr de la última década un discurso neonacionalista, el cual, según su variada proveniencia, tiene un carácter más o menos acentuado. Si bien esta tendencia no cuenta con una representación parlamentaria en forma de partido, en ella se conjugan planteamientos sustentados por importantes grupos conservadores de la Democracia Cristiana y especialmente de la Unión Social Cristiana de Baviera, así como de partidos de la ultraderecha. Esta corriente se caracteriza por su tajante rechazo a toda propuesta en favor de una sociedad multicultural, por las objeciones a la integración regional (manifiestas en violentas polémicas contra el euro y el aparato burocrático de la Unión Europea), por su crítica a lo que denomina la orientación exclusivamente tecnocrática de liberales y democratacristianos y por sus denuncias al Estado liberal, el cual conllevaría la destrucción de códigos morales y una permisividad descontrolada. A contrapunto ensalza las categorías de renovación moral, conciencia patria, nación y Estado fuerte. La prédica de estas categorías, emparejada al rencor contra los rápidos procesos de modernización e internacionalización de la economía, así como de hábitos y costumbres, han permitido al neonacionalismo desatenderse mañosamente de los imperativos que la globalización impone al Estado nacional. Más allá de que un discurso de espíritu antiliberal, proclive al totalitarismo y con elementos racistas, cuestiona de raíz el orden normativo de la República Federal de Alemania, no ofrece perspectivas para la política de una nación altamente industrializada cuyo bienestar y progreso depende de su inserción en la economía mundial.

El resultado de las elecciones del 27 de septiembre de 1998 para conformar un nuevo parlamento federal no fue simplemente un contundente rechazo a estas opciones de tinte extremista para enfrentar los desafíos que actualmente encara la República Federal. Prueba, a su vez, la vigorosa fuerza que a medio siglo de su institucionalización tiene el cimiento medular del orden constitutivo republicano: su democracia liberal y pluralista. Con una elevada participación electoral de algo más de 82%, casi 89% de los sufragios fue otorgado a los cuatro tradicionales partidos eminentemente democráticos del país. Más aún: una población que a lo largo de 50 años había demostrado ser reacia a votar en favor de cambios de gobierno, esta vez manifestó claramente su deseo de que los partidos de oposición pasen a conformar el nuevo gobierno. Si hasta el presente los únicos tres cambios gubernamentales fueron producto de una reestructuración de alianzas en el seno del parlamento, ahora, por primera vez, las urnas terminaron por imponerlo. Notable es además que en un parlamento conformado por cinco partidos, el electorado otorgó una clara mayoría para la conformación de un gobierno entre socialdemócratas y verdes. Finalmente, no es superfluo señalar que también la población de los nuevos estados mostró en aquellas elecciones una notable confianza en el sistema democrático pluralista. Hecho significativo si se considera su desconfianza hacia la política y sobre todo a promesas de los partidos, ya sea por no haber conocido a partir de 1933 sino regímenes totalitarios, ya sea por decepciones con éste o aquél resultado de la reunificación. Mientras que en promedio nacional la cantidad de votantes se elevó en 3.3% en comparación con las elecciones de 1994, en los nuevos estados se amplió en 7.4%. Y si bien en muchos distritos electorales de estos estados la suma de votos otorgados a los tres partidos de extrema derecha rebasan 5%, las predicciones de un brusco viraje hacia la ultraderecha de significativas partes de la población no se han confirmado. Nada ratifica mejor esta realidad que el resultado de las elecciones al parlamento regional en el Estado de Mecklemburgo-Pomerania Occidental realizadas paralelamente a las nacionales. Después de que en abril de 1998 uno de los mencionados tres partidos, la Unión del Pueblo Alemán, obtuvo casi 13% de los votos en los comicios realizados en Sajonia-Anhalt, todos los pronósticos para aquellos en Mecklemburgo-Pomerania Occidental otorgaron a este partido, así como al Nacional-Democrático Alemán más de 5% de los votos. Mientras aquél obtuvo escasamente 2.9%, éste tuvo que conformarse con 1.1%.

Con el resultado electoral de fines de septiembre de 1998 el pueblo alemán ha reiterado la convicción que sus problemas pueden y deben solucionarse en el marco de una economía de mercado, de la democracia-liberal, del Estado de Derecho y del Estado Social. Si durante los 16 años anteriores depositó su confianza en que democratacristianos y liberales tendrían la mayor capacidad para responder adecuadamente a los nuevos y crecientes desafíos, ahora sus expectativas pasaron a centrarse en los socialdemócratas y en los verdes. Entre estas cuatro fuerzas políticas así como entre las grandes corporaciones de la sociedad civil existen consensos substanciales. Sobre todo la certeza de que el modelo de producción industrial sobre cuyas bases la República Federal de Alemania logró desarrollarse tan exitosamente, está en vías de desaparición definitiva. De ahí la unanimidad de criterio sobre la necesidad de fomentar innovaciones científico-tecnológicas que permitan conservar el potencial económico del país y de tomar medidas para evitar que en el marco de la creciente globalización partes cada vez mayores de su producción y sus recursos financieros sean trasladados al extranjero. Compartida es también la opinión de que estas metas pueden lograrse reduciendo la pesada carga impositiva y de contribuciones vigente. Visualizada como panacea, tanto para disponer de recursos que permitan impulsar la producción y generar nuevos puestos de trabajo, como para convertir a Alemania en atractivo centro de inversiones, la opción promovió el más severo debate en el seno del poder legislativo durante los últimos cuatro años y éste sin duda continuará en el futuro. Debido a que los partidos representados en el Bundestag no han logrado elaborar ninguna otra concepción global para encarar los principales problemas económicos y sociales, la política en el correr de los años 90 se caracterizó por un eminente pragmatismo. Uno u otro problema se ha buscado solucionar de manera *ad hoc*, cuidando, en definitiva, no destruir radicalmente las bases del modelo renano del capitalismo. En efecto, Alemania no ha conocido un thatcherismo. Las propuestas programáticas más importantes que han adelantado el Partido Socialdemócrata y el Partido Verde para su labor gubernamental, como la reforma impositiva, la eliminación de diversos tipos de subvenciones otorgadas al capital, la concertación entre empresarios, sindicatos y gobierno para crear nuevas fuentes de trabajo, los esfuerzos prioritarios para ofrecer trabajo a jóvenes, en particular en los nuevos estados, denotan una preocupación prioritaria por lograr mayor justicia social. Nuevos impulsos se manifestaron también en el tema de la protección del ambiente, sobre todo con la incorporación de impuestos adicionales a recursos energéticos, y se impulsó una legislación más liberal para la integración de extranjeros a la vida nacional. En otros campos, como sobre todo en materia de política externa, prevaleció la continuidad.

Cuando en 1969 se produjo el segundo cambio de gobierno en la República Federal de Alemania y la Socialdemocracia asumió por primera vez el poder, su consigna fue "Arriesgar más democracia". En 1982 la Democracia Cristiana retomó las riendas del gobierno con el slogan "Renovación espiritual y moral". El Canciller designado en 1998, Gerhard Schröder, propagó para su mandato la nebulosa consigna de "La República de Berlín". Probablemente nada refleja mejor la ardua tarea de definir claramente objetivos y metas en una difícil constelación de la economía mundial y en una democracia pluralista con múltiples choques de intereses sectoriales.

Bibliografía

Abendroth, Wolfgang, *Wirtschaft, Gesellschaft und Demokratie in der Bundesrepublik.* Francfort del Meno (Stimme-Verlag), 1965.

Baring, Arnulf, *Scheitert Deutschland? Abschied von unseren Wunschwelten*. Munich (Knaur), 1998, pp. 11-117, 259ss.

——, *Es lebe die Republik, es lebe Deutschland!*. Stuttgart (Deutsche Verlags-Anstalt), 1999.

Boris, Dieter, *La República Federal de Alemania. Aspectos de su desarrollo social, regional y económico. Aportes a la investigación social del México contemporáneo*. Colección Cuadernos de Jornadas 9, México (Facultad de Filosofía y Letras, UNAM), 2000.

Demokratie in der Krise. Ein ZEIT-Symposium zum 75. Geburstag von Helmut Schmidt. ZEIT-Punkte, núm. 1 / 1994, Hamburgo (Zeitverlag), 1994.

Grosser, Alfred, *Geschichte Deutschlands seit 1945. Eine Bilanz*. Munich (dtv), 1987, pp. 121-369, 476ss.

Hamm-Brücher, Hildegard, Bürgergesellschaft versus Parteiendemokratie. Damit unsere Verfassungswirklichkeit wieder verfassungskonform wird, en: Gunter Hofmann y Werner A. Perger (eds.), *Die Kontroverse. Weizsäckers Parteienkritik in der Diskussion*. Francfort del Meno (Eichborn Verlag), 1992, pp. 187-197.

Hennis, Wilhelm, Der "Parteienstaat" des Grundgesetzes. Eine gelungene Erfindung, en: Gunter Hofmann y Werner A. Perger (eds.), *Die Kontroverse. Weizsäckers Parteienkritik in der Diskussion*. Francfort del Meno (Eichborn Verlag), 1992, pp. 25-50.

Hesse, Joachim Jens, y Thomas Ellwein, *Das Regierungssystem der Bundesrepublik Deutschland*. 8va. ed., t. 1, Opladen/Wiesbaden (Westdeutscher Verlag), 1997.

Inter Nationes, *50 años de democracia parlamentaria. Los partidos en el Bundestag alemán*. Basis-Info 12-1995, Bonn (Inter Nationes), 1995.

Leggewie, Claus, *Druck von rechts. Wohin treibt die Bundesrepublik?* Munich (C.H. Beck), 1993.

Die mageren Jahre. Deutschland in der Klemme zwischen Globalisierung und Sparzwang. ZEIT-Punkte, núm. 1 / 97, Hamburgo (Zeitverlag), 1997.

Meyer, Thomas, Gleichzeitiges und Ungleichzeitiges in der politischen Kultur Ost- und Westdeutschlands, en: Christoph Hein *et al.* (eds.), *Deutsche Ansichten. Die Republik im Übergang.* Bonn (Dietz), 1992, pp. 25-40.

Paucke, Horst, Der ökologische Umbau als gesamtdeutsche Aufgabe, en: Christoph Hein *et al.* (eds.), *Deutsche Ansichten. Die Republik im Übergang.* Bonn (Dietz), 1992, pp. 151-165.

Rausch, Heinz, *Politische Kultur in der Bundesrepublik Deutschland.* Beiträge zur Zeitgeschichte, Berlín (Colloquium Verlag), 1980, pp. 39ss.

Reich, Jens, Für eine neue, lockere Choreographie. Verdrossene Ost-Bürger, gekränkte Parteien, en: Gunter Hofmann y Werner A. Perger (eds.), *Die Kontroverse. Weizsäckers Parteienkritik in der Diskussion.* Francfort del Meno (Eichborn Verlag), 1992, pp. 51-64.

Schmidt, Helmut, *Handeln für Deutschland. Wege aus der Krise.* Berlín (Rowohlt), 1993.

Simonis, Georg (ed.), *Deutschland nach der Wende. Neue Politikstrukturen.* Opladen (Leske + Busrich), 1998.

LA REUNIFICACIÓN DE ALEMANIA.
DERROTEROS Y DESAFÍOS

León E. Bieber

En noviembre de 1989 comenzó el desmontaje del símbolo más representativo de la Guerra Fría: el Muro de Berlín. Escasamente once meses después, el 3 de octubre de 1990, las dos Alemanias creadas en 1949 quedaron unificadas en un Estado nacional. Estos acontecimientos, que no sólo dejaron atónito al lego en cuestiones internacionales sino a entendidos en esta materia y hasta a importantes líderes políticos mundiales, empezaron a perfilarse subrepticiamente un lustro antes a consecuencia de inusitadas transformaciones en la Unión Soviética.

Una vez designado Secretario General del Partido Comunista de la Unión Soviética en 1985, Mijaíl Gorbachov no sólo propició una descentralización del sistema económico y administrativo, sino también una liberalización del sistema político vigente en su país. Paralelamente a estas medidas de perestroika y glasnost promovió un viraje en la política exterior al retirar las tropas soviéticas de Afganistán, normalizar las relaciones con la República Popular de China, firmar acuerdos de desarme con Estados Unidos y favorecer reformas en los demás países del bloque socialista europeo. Con la finalidad de demostrar su genuino compromiso con este último designio, declaró ya en 1985 en un discurso ante el pleno del Comité Central del Partido Comunista de la Unión Soviética: "Todo pueblo tiene el derecho a decidir autónomamente y sin interferencia foránea sobre la vía de su desarrollo socioeconómico". Con ello liquidó el principio de intervención en los estados miembros del Pacto de Varsovia que con la Doctrina Brezhnev se había arrogado Moscú dos décadas antes.

Este viraje en la política interna y exterior de la Unión Soviética no podía sino tener profundas repercusiones para todo el bloque socialista europeo, determinando su implosión escasamente cinco años después de que Gorbachov pasó a liderar el partido comunista soviético.

En este marco se abrieron las compuertas para la reunificación de Alemania.

El presente trabajo analiza este proceso en cuatro partes. Después de delinear en una primera la vertiginosa travesía de la reunificación entre 1989 y 1990 se abordarán sus desafortunadas secuelas económicas y sociales para el territorio que conformaba la República Democrática Alemana (RDA). Seguidamente se expondrán los logros del proceso de unificación así como los contratiempos que lo han acompañado. El análisis concluye con algunas reflexiones sobre lo expuesto e indaga respecto a probables perspectivas.

Si el trabajo en su conjunto se centra básicamente en el desarrollo de la RDA en los últimos meses de su existencia y de los cinco nuevos estados federales que se conformaron en su territorio cuando ésta desapareció en octubre de 1990, ello tiene una razón fundamental. La reunificación no alteró las bases constitutivas de la República Federal de Alemania (RFA), vale decir su economía de mercado y su sistema jurídico-constitucional. En cambio la RDA renunció a todas las normas de su orden socialista, adhiriéndose a las vigentes en el país vecino. Con ello los logros o los traspiés del proceso de fusión quedaron determinados por la capacidad de acoplar la parte oriental alemana al sistema económico, social, político y jurídico establecido en la occidental. Este proceso se vio empañado desde un comienzo por un cúmulo de graves problemas debido a los impactos negativos que el acto de unificación tuvo para la hasta entonces existente RDA. Siendo éstos los que, como ningún otro factor, han plasmado los derroteros y desafíos de la reunificación, tratar de ella implica necesariamente centrar la atención en los logros y las dificultades registrados en los nuevos estados federales para emparejarse a la Alemania occidental.

La vertiginosa travesía hacia la reunificación

En tanto que países como Hungría y Polonia recibieron con beneplácito el curso de liberalización proclamado por Gorbachov, el Partido Socialista Unificado (PSU) de la RDA, que controlaba férreamente todas las esferas de la vida del país desde su creación, mostró un manifiesto malestar. Arriesgar aperturas en el espíritu de perestroika y glasnost no solamente fueron vistas como peligrosas para el régimen sino a su vez como potencial fuente de desagregación completa del estado nacional que había forjado. A fin de cuentas la RDA colindaba con otra Alemania con la cual había conformado una sola nación hasta 1945; y en esta otra Alemania 60 millones de habitantes gozaban de un estándar económico y de libertades individuales y políticas que para la abrumadora mayoría de los 16 millones de alemanes orientales eran sencillamente inimaginables. Poco o nada ayudaba a menguar este sentir el hecho que la población de la RDA desde tiempo atrás gozaba del más alto nivel de vida entre las de los países de Europa oriental o que el PSU y sus organizaciones de masas propagasen sin descanso que su país, gracias al régimen socialista, era el único auténtico portador de los más profundos legados y tradiciones humanistas alemanes. No sin razón uno de los más encumbrados ideólogos de la Alemania comunista reaccionó al gorbachovismo recordando que la RDA "sólo era pensable como estado antifascista y socialista, como alternativa socialista a la República Federal de Alemania", preguntándose, consecuentemente, "qué legitimidad puede tener una República Democrática Alemana capitalista al lado de una República Federal de Alemania capitalista". Al equiparar toda vía reformista como indefectible camino a la desaparición del propio estado nacional, sus dirigentes se aferraron con inmutable convicción al orden establecido, llegando sin titubeos a la conclusión de que —como lo expresó un miembro del Comité Central del PSU— no había necesidad de renovar los tapetes de la propia casa si los vecinos decidían hacerlo.

La tozudez de los dirigentes políticos por un lado, la liberalización que demandaba el grueso de la población por el otro prefiguraron el enfrentamiento. Sus primeras manifestaciones datan de la primavera de 1989, cuando miles de ciudadanos de la RDA buscaron asilo en las embajadas de la RFA en Budapest, Praga, Varsovia y Berlín oriental. Otras centenas aprovecharon el libre paso que Hungría ofrecía en determinados lugares de su frontera con Austria para huir por ellos a la Alemania occidental. Estas fugas adquirieron un carácter verdaderamente masivo después de que el gobierno húngaro abrió irrestrictamente sus fronteras con Austria el 11 de septiembre. Los insatisfechos que no optaron por abandonar su país se lanzaron a las calles a partir del mes de octubre. Coreando "Nosotros somos el pueblo" demandaban no la demolición sino, en el espíritu propagado por Gorbachov, una democratización del sistema socialista.

Enfrentado a la fuga de diez mil ciudadanos y, sobre todo, a manifestaciones que en el correr de pocas semanas pasaron a contar con la adhesión de centenas de miles de personas en las ciudades de Dresde, Leipzig y Berlín oriental y que culminaron con una de más de un millón de participantes en esta última ciudad el 4 de noviembre, el PSU dio marcha atrás. En el intento por salvar su hegemonía política realizó primero significativos cambios personales en la dirección tanto del partido como del gobierno y seguidamente ordenó, el 9 de noviembre, la apertura del Muro de Berlín, así como de todas las demás fronteras entre las dos Alemanias. El acontecimiento desató enorme júbilo en todo el pueblo alemán, a la par que el movimiento de masas surgido en la parte oriental del país para conquistar libertades empezó a pulverizarse en millones de deseos y aspiraciones individuales, dejando entreabierto el futuro desarrollo de la RDA.

Durante cuatro meses, entre mediados de noviembre de 1989 y mediados de marzo de 1990, el PSU tomó una serie de medidas para democratizar su régimen y garantizar con ello el poder que había detentado por cuatro décadas. Modificó su nombre por el de PSU-Partido del Socialismo Democrático y en febrero por el de Partido del Socialismo Democrático (PSD) a secas; suprimió de la constitución su rol hegemónico; permitió la creación de nuevos partidos y convocó a una mesa redonda para discutir la elaboración de una nueva Carta Magna con aquellos grupos contestatarios que lideraron las manifestaciones y favorecían una democratización del socialismo. Estos empeños por reestructurar, en el marco de una rígida economía planificada, la superestructura jurídico-política con la finalidad de garantizar la vigencia de un sistema genuinamente democrático llegaron a su fin con el resultado electoral del 18 de marzo de 1990. En estos comicios, los primeros absolutamente libres que conoció la RDA y a los cuales acudió 93% de la población con derecho a voto, la Alianza pro Alemania (una alianza electoral de tres partidos cristianodemócratas) obtuvo con el casi 50% de los votos una contundente victoria, mientras que el PSD, con escasamente 17% quedó relegado al tercer lugar después del Partido Socialdemocrático. Las organizaciones políticas creadas por aquellos que lucharon con la meta de democratizar el socialismo (Alianza 90 y Verdes-Asociación de Mujeres Independientes) apenas recibieron el apoyo de 5% del electorado.

Este resultado produjo el viraje decisivo en la constelación política de la RDA. Mientras que aquellos grupos que con la consigna "Nosotros somos el pueblo" intentaron implementar desde octubre de 1989 perestroika y glasnost en su país quedaron marginalizados, había surgido una fuerza política que con la consigna "Nosotros somos un pueblo", vale decir, manifestando su clara decisión por una rápida unificación de Alemania, consiguió arrastrar a la abrumadora mayoría de la población. Con ello el fin de la RDA quedó signado.

Al mes siguiente de los comicios se conformó un gobierno de coalición entre socialdemócratas, liberales y cristianodemócratas bajo el liderazgo de éstos, que contando con 272 de los 400 escaños en la Cámara del Pueblo avaló primero la unificación económica, monetaria y social con la RFA, la cual entró en vigencia el 1 de julio de 1990, y luego la moción del gobierno de adhesión de la RDA a aquel país (posibilidad prevista en el artículo 23 de la Ley Fundamental de la RFA). Esta moción fue aprobada con 294 contra 62 votos el 23 de agosto. Escasamente seis semanas más tarde, el 3 de octubre de 1990, Alemania también quedó reunificada políticamente.

El vertiginoso proceso de reunificación fue sobre todo producto del deseo de la inmensa mayoría de la población de la RDA. Sin embargo, su breve trayectoria no habría sido posible sin contar con el aval de las cuatro potencias que ocuparon Alemania una vez finalizada la segunda gran conflagración mundial.

A partir de la Conferencia de Potsdam (17 de julio a 2 de agosto de 1945) y durante las cuatro décadas y media siguientes, Estados Unidos, Gran Bretaña, Francia y la Unión Soviética se reservaron la potestad de decisión respecto a Alemania en su conjunto, vale decir, precisamente con relación a una probable reunificación del país. Sobre esta cuestión ni la RDA como tampoco la RFA eran por tanto soberanas; en última instancia su unificación dependía del consentimiento por parte de aquellas potencias. Inicialmente Francia y Gran Bretaña mostraron preocupación al respecto. El temor por una Alemania unificada se manifestó ya poco después de la apertura irrestricta del muro con la visita del presidente francés, François Mitterand, a la capital de la República Democrática Alemana. Su intención fue manifiesta: el simbólico acto quiso enfatizar lo que François Mauriac sintió por Alemania al expresar que por amarla tanto estaba feliz de tener al mismo tiempo dos de ellas. Cuando Mitterand advirtió que el desarrollo de los acontecimientos señalaba una unificación, buscó medios para frenarla. Por su parte, Margaret Thatcher no dejó dudas sobre su malestar con la posibilidad del resurgimiento de un cíclope teutónico a consecuencia de la reunificación. Muy diferentes fueron las posturas de Estados Unidos y de la Unión Soviética. Mientras Washington apoyaba sin reservas la unificación, dando por sentado que ésta no modificaría la adhesión de Alemania a la alianza occidental, Gorbachov, ya a inicios de 1990, se pronunció en favor de esta posibilidad, pero condicionándola a que una Alemania ampliada quedase desvinculada de la Organización del Tratado del Atlántico del Norte (OTAN).

En esta constelación se iniciaron en Bonn, en mayo de 1990, las negociaciones entre las cuatro potencias mencionadas y las dos Alemanias —las denominadas "Negociaciones 4 + 2"— sobre el futuro alemán. Mientras Londres y París, en vista del resultado electoral de marzo de aquel año en la RDA, de la posición de Estados Unidos y de las reiteradas manifestaciones del gobierno de Bonn en el sentido de que Alemania en ningún caso modificaría los compromisos asumidos con sus aliados occidentales, ya con anterioridad aceptaron la cada vez más patente superación de la división alemana, Gorbachov, poco después de iniciadas las conversaciones, concedió que la Alemania unificada podía decidir soberanamente a qué bloques deseaba pertenecer. Ello allanó el camino a la firma de un protocolo entre los seis países en Moscú el 12 de septiembre de 1990. Por él, las cuatro potencias de la coalición antihitleriana otorgaron a las dos Alemanias plena y absoluta soberanía en cuestiones de política interna y exterior. Con ello renunciaron a los últimos derechos que retuvieron desde 1945 respecto a Alemania en su conjunto y a la ciudad de Berlín, permitiendo a los dos estados que se habían constituido en su territorio decidir libremente su futuro. Así, la reunificación acaecida tres semanas más tarde quedó plenamente avalada internacionalmente. Después de 45 años Alemania no sólo se había reconstituido en un Estado nacional, sino que éste, a diferencia de las dos Alemanias que lo antecedieron, era también genuinamente independiente.

Secuelas económicas y sociales para los nuevos estados federales

Cuando terminó la Segunda Guerra Mundial el territorio que en 1949 pasó a constituir la RDA disponía de un respetable potencial económico. Contaba con 25% de la población alemana y aportaba 26% de la producción industrial de toda Alemania. Particularmente importantes eran sus contribuciones en la mecánica de precisión, la óptica y determinados rubros de la industria leve. En ciertos campos —como el de la industria de automotores, la química, la electrónica y la de maquinaria— contaba con mayor participación en el mercado que la parte occidental del país. Desmontajes soviéticos, el traslado de muchas empresas (entre ellas algunas tan importantes como Siemens, Zeiss o BMW) a las zonas occidentales del país a consecuencia de las estatizaciones en la oriental, ya en el bienio posterior a la finalización de la guerra, y una rigurosa planificación de la economía llevaron, en pocos años, a un marcado rezago económico de la RDA en comparación con la RFA, favorecida no sólo por el flujo de capitales del

Plan Marshall y la fuga de mano de obra de aquella república sino también por las virtudes que mostró la implementación de una economía de mercado. En la década del 80 del siglo pasado la economía de la RDA enfrentaba problemas tan acuciantes que su gobierno se vio obligado a solicitar cuantiosos créditos de la RFA. Cabe por tanto resaltar que ya con anterioridad a la caída del Muro de Berlín existía un marcado desfase económico entre los dos países, hecho que no podía sino tener graves repercusiones para los cinco estados federales (Bundesländer) que se crearon en la Alemania oriental cuando el 3 de octubre desapareció la RDA.

La decisión tomada por la Cámara del Pueblo de la RDA en agosto de 1990 de adherirse al ámbito de vigencia de la Ley Fundamental de la RFA no reflejó únicamente el deseo de la mayoría de sus habitantes por obtener mayores libertades ciudadanas. Decisivo fue su anhelo de alcanzar rápidamente el elevado bienestar económico de la Alemania occidental. La posibilidad de que esto pudiera materializarse fue fomentada desde inicios de 1990, sobre todo por el entonces canciller democratacristiano Helmut Kohl, quien, contra las advertencias de economistas y de destacados líderes del Partido Socialdemócrata sobre los problemas económicos, financieros y sociales que devendrían de una apresurada unificación, gustaba dejarse festejar en mítines multitudinarios en ciudades del este de Alemania al prometer "paisajes florecientes" en todo el territorio de la RDA, una vez que ésta se fusionase con la república que él lideraba. Con estas promesas, Kohl no sólo quería acelerar y convertir en irreversible la unidad alemana; buscó, asimismo, granjearse las simpatías de los alemanes orientales para obtener votos en favor de su partido, una vez que en la Alemania unificada se dieran elecciones generales. Como lo demostraron los primeros comicios para integrar el parlamento alemán (Bundestag) después de la reunificación, realizados ya en diciembre de 1990, este cálculo fue absolutamente correcto, en tanto que el surgimiento de "paisajes florecientes" se reveló sumamente peliagudo hasta el presente.

Con la unificación económica y monetaria del 1 de julio de 1990, el marco de la Alemania occidental se convirtió en moneda oficial de la RDA encareciendo literalmente de la noche a la mañana todas sus mercaderías. A su vez, el país tuvo que abrir irrestrictamente su economía a la competencia internacional. El resultado fue el vertiginoso derrumbe de su esfera productiva. Al no poder ofrecer, salvo contadas excepciones, sobre todo de la industria leve, bienes competitivos en calidad y precio, sus ofertas no encontraron mercado en la parte occidental alemana mientras la propia población pasó a adquirir masivamente los productos de esa región, desde tiempo atrás tan ansiados. Paralelamente la RDA perdió enorme parte de su mercado internacional más importante, el constituido por el Consejo de Ayuda Mutua Económica (Comecon), creado en 1949 y disuelto en 1991. Al verse enfrentados con la elevación de los precios de las mercaderías de Alemania oriental, los países que formaban parte de aquel bloque reorientaron sus compras, sea a empresas establecidas en la RFA, sea a las de otras naciones. Ya a inicios de 1991 las exportaciones de los nuevos estados de la Alemania reunificada habían sufrido una caída de 12% con Checoslovaquia, de 16% con la Federación Rusa y mucho más graves aún con Hungría (55%), con Bulgaria y Polonia (72%) y con Rumanía (85%).

Estos ya de por sí gravísimos perjuicios económicos se

vieron agravados por otras dos razones. Por un lado, en el este de Alemania faltaban tanto empresarios privados como personal administrativo con experiencia para enfrentar los desafíos de la impetuosa transición de una economía planificada a una de libre mercado. Por el otro, el interés del capital occidental por adquirir empresas en los nuevos estados fue restringido. Ello no sólo debido al deplorable estado de casi todas ellas sino también a la inseguridad que había creado una cláusula del Tratado de Unificación que garantizaba a ex propietarios de bienes estatizados a partir de la creación de la RDA el derecho a reclamar su restitución. Adquirir propiedades del Estado cuya pertenencia quedaba abierta a posibles litigios (ya a mediados de 1991 los juzgados habían recibido 1 200 000 demandas de restitución) significó un freno para potenciales interesados. No sorprende por tanto que la institución de fideicomiso creada todavía bajo el régimen del PSD a comienzos de marzo de 1990 para privatizar propiedades estatales (la Treuhandanstalt) sólo logró su cometido con una ingente pérdida cuando finalizó su tarea a fines de 1994. En lugar de obtener la prevista ganancia de por lo menos 600 mil millones de marcos por concepto de ventas, su balance final arrojó un déficit de algo más de 256 mil millones de marcos, debido a concesiones a precios menores de los inicialmente previstos y a subsidios que tuvo que abonar para mantener empresas no rentables hasta su privatización o su cierre definitivo. En tanto que la Treuhandanstalt consiguió privatizar con relativa facilidad pequeñas empresas que tenían un mercado regional asegurado, como estaciones de gasolina, órganos de prensa, compañías de construcción o fábricas de determinados comestibles, tuvo grandes dificultades de encontrar o simplemente no encontró interesados para buena parte de las industrias que requieren elevadas inversiones de capital.

Al no contar con productos competitivos y al no haber logrado readecuar rápidamente su producción para insertarse con éxito en una economía abierta, el PIB de la parte oriental de Alemania sufrió una caída de 50% entre 1989 y 1993 y su índice de industrialización disminuyó en dos tercios durante el cuatrienio 1990-1993. Contando con 30% del territorio nacional y aproximadamente 20% de la población, aquella región tan sólo aportó 7% al PIB de Alemania en 1992. Al iniciarse el nuevo siglo este porcentaje apenas consiguió elevarse a alrededor de 10%, la participación en el total de las exportaciones continuaba siendo exigua (alrededor de 5%) y la productividad promedio únicamente alcanzaba 66% de la de los viejos estados de la RFA.

Los graves problemas económicos sucintamente reseñados tuvieron serias repercusiones sociales que desde un inicio y hasta el presente afectan a la parte oriental de Alemania. El más candente de ellos es incuestionablemente el desempleo masivo. Debido al cierre de empresas en prácticamente todos los sectores y a las drásticas medidas de racionalización promovidas sobre todo por la Treuhandanstalt en su afán de lograr privatizaciones, el número de trabajadores y empleados (sin considerar aquellos de medio tiempo, jubilados prematuros y programas de ocupación temporal financiados por el Estado) descendió de 9 750 000 en 1989 a aproximadamente 6 000 000 en 1992. Se estima que en aquel año el desempleo en la parte oriental alemana, tanto el abierto como el velado, ascendió a 40%. Hacia mediados de la década del 90 del siglo pasado, en diversos lugares de aquella región habían desaparecido entre 60 y 70% de los puestos laborales. Si bien esta realidad se ha modificado positivamente a partir de entonces, el problema dista de estar solucionado. Así, en 1999 la cifra de personas sin trabajo registrada oficialmente en los nuevos estados ascendía a 17%, siendo con ello dos veces más alta que en la parte occidental; pero llegaba a entre 25 y 30% si se consideran diversas formas veladas de desempleo.

Al elevado desempleo se agrega el desfase salarial entre los viejos y nuevos estados. Debido a que la productividad promedia en éstos continúa siendo más baja, también los salarios de buena parte de los alemanes orientales son menores que los de sus colegas occidentales. Así, por ejemplo, los empleados del servicio público del este de Alemania sólo perciben 86.5% del salario que obtienen sus congéneres en los viejos estados.

El desempleo masivo para una población que en los tiempos de la RDA tenía garantizada la seguridad laboral sin preocuparse por los costos que ello implicaba para la economía en su conjunto, el desfavorable desfase salarial y las incertidumbres que creó el derecho a restitución de propiedad sobre todo entre inquilinos de departamentos o casas que otrora pagaban alquileres irrisorios cuentan entre los factores más importantes que han creado fuerte recelo y hasta marcada animosidad de partes no despreciables de alemanes orientales hacia sus conciudadanos occidentales; entre *Ossis* y *Wessis*. Para aquéllos la política de la Treuhandanstalt sólo es considerada como promotora de la terrible ola de desempleo y del principio de derecho de restitución de propiedad, como proceso de colonización por parte de alemanes residentes al oeste del río Elba. Este sentimiento anti *Wessi* ganó ímpetu todavía mayor debido al manifiesto desprecio que líderes políticos de la Alemania occidental, particularmente democratacristianos, pero también amplias capas de la población de los viejos estados, comenzaron a mostrar hacia los *Ossis* al tildarlos de perezosos y al promover o apoyar medidas destinadas a extinguir símbolos y valores caros a la RDA, incluyendo desde instituciones y normas tradicionales hasta monumentos, edificios y nombres de calles consagrados a preservar principios socialistas. Consecuentemente, cientos de miles de *Ossis* no sólo comenzaron a poner en tela de juicio la economía de mercado y el sistema liberal democrático que en las elecciones de marzo de 1990 habían avalado decididamente, sino a dar incluso claras señales de añoranza por estructuras y formas de vida de su ex patria, asunto que será retomado en la parte final del próximo apartado.

Logros y contratiempos de la reunificación

Con la reunificación de Alemania, consumada el 3 de octubre de 1990, 16 millones de alemanes que durante 40 años vieron cercenadas sus libertades individuales consiguieron recuperarlas al pasar a formar parte, por libre determinación, del orden constitutivo de la República Federal de Alemania: de su economía de mercado y de sus normas constitucionales. Más allá de toda otra ponderación, es éste el hecho de mayor trascendencia respecto a la unificación. Debido a ésta, en el correr de una década el panorama de ciudades y aldeas, así como el estilo de vida de millones se han transformado vertiginosamente, amoldándose cada vez más al de la parte occidental del país. La modernización y ampliación de las redes de comunicación, el saneamiento edilicio y el, ciertamente todavía limitado, surgimiento de pujantes centros industriales son incuestionables logros. Lo son, a su vez, la uniformación de los sistemas de administración pública, educación, salud y seguros sociales, así como de las Fuerzas Armadas, todos ellos marcadamente dispares en las dos Alemanias hasta 1990. Fundamental importancia para afianzar la reunificación tuvo la transferencia de aproximadamente 150 mil millones de marcos anuales entre 1990 y 1999, y de 40 mil millones a partir de este último año, de los viejos a los nuevos estados, apoyo financiero sin el cual éstos habrían sufrido un descalabro socioeconómico aún mayor que el descrito, con consecuencias sociales y políticas imprevisibles. A pesar de los elevadísimos costos de estas transferencias, el país en su conjunto no conoció una crisis económica severa y mostró notable estabilidad política. Así, el resultado de las elecciones del 27 de septiembre de 1998 para conformar un nuevo parlamento federal no fue simplemente un contundente rechazo a opciones de tinte extremista para enfrentar los desafíos que actualmente encara la República Federal. Prueba, a su vez, la vigorosa fuerza que a medio siglo de su institucionalización tiene el cimiento medular del orden constitutivo republicano: su democracia liberal y pluralista. Con una elevada participación electoral de algo más de 82%, casi 89% de los sufragios fue otorgado a los cuatro partidos eminentemente democráticos del país. En este contexto no es superfluo señalar que también la población de los nuevos estados mostró en aquellas elecciones una notable confianza en el sistema político vigente en la RFA desde 1949. Hecho significativo si se considera su suspicacia frente a la política en general y sobre todo a promesas de los partidos, ya sea por no haber conocido a partir de 1933 sino regímenes totalitarios, ya sea por decepciones con este o aquel efecto de la reunificación. Con el resultado electoral de fines de septiembre de 1998 el pueblo alemán en su conjunto ha reiterado la convicción de que sus problemas pueden y deben solucionarse en el marco de una economía de mercado, de la democracia liberal, del Estado de derecho y del Estado social. En materia de política exterior, temores como los manifestados en la fase inmediatamente posterior a la apertura del Muro de Berlín por François Mitterrand o Margaret Thatcher, en el sentido de que una Alemania unificada podría verse tentada nuevamente a seguir un curso independiente (un *Sonderweg*) entre occidente y oriente como con anterioridad a 1945, han probado ser infundados. A pesar de su ampliación geográfica y su crecido peso internacional nada se ha modificado respecto a la inserción de la RFA en el mundo occidental, como lo muestran su afiliación y absoluta lealtad a la Unión Europea o a la OTAN.

A pesar de los éxitos sucintamente delineados, la unificación de dos estados nacionales que, a partir de ideologías antagónicas, cimentaron su existencia en sistemas económicos y políticos contrapuestos durante 40 años y cuyos estándares de vida eran marcadamente dispares en el momento de la fusión, no podía darse sin contratiempos. Percepciones erradas, medidas contraproducentes para fomentar el desarrollo de los nuevos estados, intereses mezquinos y truhanerías acompañaron desde su comienzo aquel proceso.

Los supuestos compartidos por amplios sectores en altas esferas de la economía y la política en el sentido de que privatizaciones diligentes, una rápida modernización de la infraestructura y transferencias financieras conducirían automáticamente a una pronta reconstrucción en la parte oriental del país, la cual al entender de muchos expertos incluso iba a darse en forma más acelerada que en el lado occidental después de la reforma monetaria de 1948, se revelaron como ilusorios. Consecuentemente también se desvaneció la idea de que con la implementación de aquellas medidas la reunificación se llegaría a financiar gracias al propio crecimiento económico. La política de subsidios para atraer capitales que permitieran modernizar el parque industrial de los nuevos estados, visualizado como trampolín hacia los mercados del Este de Europa, no logró su objetivo. Como se ha señalado, la prioridad otorgada al derecho de restablecimiento de bienes expropiados en la RDA a sus viejos dueños, desalentó a potenciales inversionistas. Las preferencias fiscales ofrecidas a empresarios de la Alemania occidental en caso de invertir en las regiones orientales del país, sin otorgar ventajas similares a los propios nuevos estados, llevaron en muchos casos a negocios meramente especulativos en perjuicio de una promoción de la esfera productiva. En casos donde ésta sí recibió impulsos, ellos no sólo coadyuvaron básicamente a la capitalización de empresas occidentales, sino también a la formación de complejos industriales altamente intensivos en capital, con un consecuente efecto ocupacional limitado. Tampoco faltaron inversiones desacertadas y la conformación de compañías y sociedades con capacidad de producción que excedía la demanda. El proceso de privatización no sólo pecó de errores, conllevó medidas premeditadas para destruir la potencial competencia de empresas en los nuevos estados y no estuvo exenta de notables actos de corrupción.

La confianza doctrinaria en las fuerzas reguladoras del mercado no logró inducir los estímulos necesarios para promover un desarrollo autosustentado de la región oriental de Alemania y crear la prometida prosperidad económica. En medida ciertamente difícil de apreciar contribuyó a la debacle socioeconómica descrita en el apartado anterior.

A poco más de una década de la reunificación existen indudablemente polos dinámicos de desarrollo en el ex territorio de la RDA, como la industria de automóviles en Sajonia y Turingia, la naviera en Mecklemburgo-Pomerania occidental, la química en Sajonia-Anhalt, la de acero en Brandenburgo, la óptica en Turingia o la de microelectrónica en la capital de Sajonia. Pero se trata de islotes en medio de una economía todavía muy rezagada. En comparación con el occidente alemán, el balance de la reestructuración económica continúa siendo sumamente modesto. Buena parte de las industrias mencionadas únicamente consiguen sobrevivir con base en elevadas subvenciones. Más aún, el estándar de vida de prácticamente toda la población de Alemania oriental depende hasta el presente de ellas. De los mencionados miles de millones de marcos transferidos del Oeste al Este a partir de 1990, aproximadamente entre 70 y 75% es destinado a subsidios de desempleo, seguros sociales y formas veladas de desempleo, vale decir al consumo y no a inversiones productivas, razón que en última instancia explica el mayor poder adquisitivo que tiene hoy el promedio de los habitantes de los nuevos estados en comparación con el año 1989.

El creciente malestar de millones de *Ossis* no es por lo tanto sólo producto de los factores reseñados en la parte final del capítulo anterior. Es a su vez producto de varios otros contratiempos del proceso de reunificación en el correr de su primera década. Sobre este particular se puntualizará brevemente a continuación.

Nada refleja mejor el descontento de una significativa parte de la población del este de Alemania como el ascendiente que volvió a ganar el viejo partido comunista de la RDA, rebautizado con el nombre de Partido del Socialismo Democrático (PSD) a principios de 1990. Si en las primeras elecciones parlamentarias de la Alemania reunificada, realizadas en diciembre de 1990, contó tan sólo con 2.4% del total de los votos, cuatro años más tarde sumó 4.4%, y en las de septiembre de 1998 alcanzó 5.1%. Este desarrollo favorable fue únicamente producto del respaldo obtenido en el territorio que conformaba la RDA. En él su caudal electoral aumentó de 11.1% en 1990 a 21.1% ocho años después y encuestas realizadas posteriormente pronostican que en la región mencionada podría llegar a contar con 28% del favor electoral. Sean o no correctas estas previsiones es incuestionable que, una década después de la apertura del Muro de Berlín, el PSD logró constituirse en tercera fuerza política en tres e incluso en segunda en dos de los cinco estados federales que se constituyeron al desaparecer la RDA y que, como lo demostraron las elecciones para el Senado de Berlín en octubre de 2001, cuenta con el respaldo de casi la mitad de la población de la parte oriental de esta ciudad, es decir de lo que fue la capital de la Alemania comunista. A partir de este repunte su influencia política ha crecido notablemente. Así, a partir de 1998 el gobierno minoritario socialdemócrata del estado de Sajonia-Anhalt depende de la tolerancia de los diputados del socialismo democrático. En aquel mismo año el PSD por primera vez consiguió incluso formar parte del gobierno de un estado de la RDA, el de Mecklemburgo-Pomerania occidental, y desde inicios de 2002 también está representado en el Senado de Berlín.

Todos los análisis confirman que el electorado de este partido proviene de los más diversos estratos sociales, aglutinando desde ciudadanos bien situados hasta los que se encuentran en situación económica precaria. Esta adhesión a una organización política por parte de una población que la rechazó ampliamente en los comicios de marzo de 1989 y la castigó duramente en los realizados a fines de 1990 para el Bundestag tiene muy poco que ver con renacidas afinidades por el comunismo y menos todavía por el régimen que lideró la RDA durante 40 años. En ella se articula más bien la reacción política de centenas de miles de personas que han visto defraudadas sus expectativas económicas y sociales desde la reunificación. Con su crítica al individualismo y al materialismo de la sociedad occidental, a la que gusta contraponer virtudes del colectivismo; con sus incisivos mensajes de que en la RDA los puestos laborales estaban garantizados, el servicio médico era gratuito y universal, los precios de los alquileres, del transporte público y de productos de primera necesidad eran módicos y estables, y de que la violencia cotidiana era bajísima; pero también gracias a su eficiente trabajo en el seno de la sociedad civil, que le ha permitido un arraigo ideológico con el que no cuenta de lejos ningún otro partido, el PSD, sin mayor necesidad de plantear vías y medios económicos concretos para hacer efectivas sus demandas de tipo socializante, ha logrado captar eficazmente el malestar de una importante parte de los alemanes orientales. Con su discurso les ofrece un decisivo soporte moral y psicológico, así como una autoafirmación de identidad, en los cuales se conjugan ideas socialistas ortodoxas con añoranzas por formas de vida y estilos de convivencia humana usuales en la RDA. Más allá de su divergente comportamiento electoral, que implica disímiles apreciaciones de democracia, socialismo o economía de mercado, alemanes occidentales y alemanes orientales leen por regla diferentes periódicos, prefieren otra literatura y otros canales de televisión.

En el correr de poco más de una década, el proceso de reunificación no ha conocido únicamente contratiempos económicos y sociales. A consecuencia de éstos también han sobrevivido dos sociedades en los ámbitos político y sociocultural, hecho tan imprevisible a inicios del último decenio del siglo pasado como poco antes lo fue la desaparición de la RDA.

Balance y perspectivas

En el breve periodo transcurrido entre la apertura del Muro de Berlín en noviembre de 1989 y las elecciones realizadas en marzo de 1990 en la RDA, la reunificación de Alemania bajo la supremacía de la RFA se plasmó como indefectible. Una vez que el régimen de la RDA comenzó a liberalizarse, las fuerzas que propugnaban avanzar hacia un socialismo democrático sólo llegaron a contar con escaso respaldo. En los mencionados comicios, la inmensa mayoría de la población expresó su deseo de formar parte, a la brevedad posible, del sistema vigente en la Alemania occidental. Frente a esta aspiración faltó una alternativa viable para preservar la RDA como Estado nacional. Ello sólo hubiese sido posible restableciendo todo tipo de barreras fronterizas, alternativa que no habría sido tolerada por la ciudadanía y la cual ni siquiera fue sopesada por los opositores más radicales a la fusión de su país con la otra Alemania. Además, las potencias que hasta entonces habían retenido potestad sobre Alemania en su conjunto avalaron sin mayores contratiempos la unificación. Con ello, el surgimiento de una Alemania Federal ampliada geográfica y demográficamente tuvo un carácter eminentemente democrático respaldado por la comunidad internacional.

El precio pagado por la vertiginosa reunificación ha sido y es grande. El desfase económico entre las partes occidental y oriental alemanas no sólo ha creado los agudos problemas de desempleo y recelos expuestos. A consecuencia de su unificación, Alemania también ha quedado debilitada económicamente al tener que destinar enormes sumas para subvencionar casi un tercio de su territorio en el cual vive aproximadamente 20% de su población. Si bien gracias a este apoyo se han registrado notables progresos en los nuevos estados en materia de modernización urbana y de infraestructura, se ha logrado uniformar con sorprendente éxito los sistemas administrativos, de educación y de seguros sociales y han surgido importantes polos de desarrollo industrial, en estos estados prevalece un elevado desempleo aparejado a un malestar de crecientes partes de su población con los resultados alcanzados a partir de 1990.

Todos los análisis coinciden en señalar que ni el alto grado de cesantía en la Alemania oriental, ni la menor remuneración que obtienen diversos estratos de su población laboral en comparación con la del lado occidental, como mucho menos aún el alto grado de dependencia financiera exógena encontrarán solución en el futuro previsible. Consecuentemente, la disparidad de normas, modos de pensar, sentimientos y afinidades políticas entre *Wessis* y *Ossis* prevalecerá.

A partir de esta realidad, la reconstrucción económica de los nuevos estados, pero también una mayor convergencia de normas y valores entre alemanes occidentales y orientales continúa siendo, a más de una década de la desaparición de la RDA, un proyecto político de imprevisible duración.

Bibliografía

Casal Pagés, María Luz, "La OTAN y la nueva Alemania". Tesis de licenciatura, Facultad de Filosofía y Letras, Universidad Nacional Autónoma de México, México, 1997, pp. 69ss.

Cherniaev, Anatolii, The unification of Germany: political mechanisms and psychological stereotypes, en: *Russian Social Science Review*, núm. 40, 1999, pp. 50-65.

Dagner Mendoza, Esperanza, "La unificación alemana y el fin de la guerra fría". Tesis de licenciatura, ENEP Acatlán, Universidad Nacional Autónoma de México, México, 1993.

Glaessner, Gert-Joachim, *The Unification Process in Germany. From Dictatorship to Democracy*. Nueva York (St. Martin's Press), 1992.

Glaessner, Gert-Joachim, y Ian Wallace (eds.), *The German Revolution of 1989: Causes and Consequences*. Oxford, Providence (BERG), 1992.

Grünbaum, Robert, *Deutsche Einheit*. Opladen (Leske+Budrich), 2000.

Hancock, M. Donald, y Helga A. Welsh (eds.), *German unification: process and outcomes*. Boulder (Westview Press), 1994.

James, Harold, y Marla Stone (eds.), *When the Wall Came Down: Reactions to German Unification*. Nueva York (Routledge), 1992.

Long Robert Emmet (ed.), *The Reunification of Germany*. Nueva York (Wilson), 1992.

Mayr, Alois, y Wolfgang Taubmann (eds.), *Germany, Ten Years After Reunification*. Leipzig (Institut für Länderkunde), 2000.

Patula, Jan, La reunificación alemana en la perspectiva histórica, en: *Revista Iztapalapa*, núm. 36, 1995, pp. 227-242.

Pond, Elizabeth, *Beyond the Wall: Germany's Road to Unification*. Washington, D.C. (The Brookings Institution), 1993.

Radice, Giles Joseph, *The New Germans*. Londres (Michael Joseph), 1995.

Rebe, Bernd, y Franz-Peter Lang (eds.), *Die unvollendete Einheit. Cloppenbrueger Wirtschaftsgespräche*. t. 8, Hildesheim (Olms), 1996.

Rüther, Günther, *Politische Kultur und innere Einheit in Deutschland*. Sankt Augustin (Konrad-Adenauer-Stiftung), 1995.

Süß, Walter, *Ende und Aufbruch-Von der DDR zur neuen Bundesrepublik Deutschland. Themenhefte Weltgeschichte im Aufriss*. 2da. ed., Francfort del Meno (Diesterweg), 1997, pp. 73ss.

Szabo, Stephen F., *The Diplomacy of German Unification*. Nueva York (St. Martin's Press), 1992.

Veen, Hans, y Carsten Zelle, *Zusammenwachsen oder Auseinanderdriften? Eine empirische Analyse der Werthaltung, der politischen Prioritäten und der nationalen Identifikationen der Ost- und Westdeutschen*. Sankt Augustin (Konrad-Adenauer-Stiftung), 1995.

"Vereint, doch nicht eins. Deutschland fünf Jahre nach der

Wiedervereinigung". ZEIT-Punkte, núm. 5/1995, Hamburgo (Zeitverlag), 1995.

Weidenfeld, Werner, y Karl-Rudolf Koste (eds.), *Handbuch zur deutschen Einheit, 1949-1989-1999*. Francfort del Meno (Campus), 1996.

Zelikow, Philip, y Condoleezza Rice, *Germany Unified and Europe Transformed: A Study in Statecraft*. Cambridge, Mass. (Harvard University Press), 1997.

LA HISTORIOGRAFÍA ALEMANA
DE LA POSGUERRA

Walther L. Bernecker

Uno de los ex presidentes de la República Federal de Alemania, el socialdemócrata Gustav Heinemann, afirmó una vez que los alemanes tenían una "patria difícil". Con esta declaración se refería también y ante todo a los doce años de dictadura nazi y a los problemas para las generaciones posteriores, relacionados con este periodo de la historia alemana.

La conciencia de culpa: la memoria de la guerra

Desde hace 50 años, los alemanes siguen luchando con esta carga histórica, y quizá no haya otro país en Europa que haya autoanalizado más su pasado reciente, su conciencia colectiva y las consecuencias que se derivan de su historia, como Alemania. Hasta hoy, importantes decisiones políticas se toman también en función del pasado histórico: si Alemania actúa como motor de la unificación europea, uno de los argumentos es que el país debe demostrar que está firmemente implantado en las estructuras de Occidente y no tiene intención de volver a emprender una "vía diferencial"; si se debatía arduamente la conveniencia de enviar aviones alemanes Tornado en el marco de la OTAN y bajo los auspicios de la ONU a la ex Yugoslavia, los opositores a tal decisión argüían que Alemania, por motivos ético-históricos (la ocupación de territorio yugoslavo en la Segunda Guerra Mundial), tenía la obligación de mantenerse fuera del conflicto; y si después de la reunificación hubo una ardua polémica sobre si Berlín debería volver a ser la capital alemana, o si el gobierno debiera seguir en Bonn, ello se debía a que Berlín simbolizaba y simboliza para muchos el centralismo prusiano-alemán, el centro de decisiones agresivas y militaristas, mientras que Bonn representa la tradición democrático-liberal.

Un último ejemplo, altamente significativo, de la importancia política y actual que tienen en Alemania interpretaciones del pasado es que la llamada "mentira sobre Auschwitz" (*Auschwitzlüge*) ha sido puesta bajo pena. Ello significa que negar públicamente la realidad del holocausto (el campo de exterminio de Auschwitz se ha convertido en símbolo del holocausto) lleva a una condena por un tribunal. Con esta ley se quiere luchar contra los múltiples intentos por parte de círculos de extrema derecha y antisemitas de negar los crímines cometidos por los nazis, o por lo menos de minimizarlos por medio de una acrobacia de números (intentos éstos que se pueden apreciar no sólo en Alemania, sino también en muchos otros países).

La sociedad alemana sigue estando altamente influenciada por el lastre de su historia. Todas las fechas conmemorativas, todos los actos públicos de políticos lo demuestran a diario. También otros países concuerdan en esta apreciación. Si se analiza, por ejemplo, el resurgir de movimientos derechistas y nacionalistas en la Europa de nuestros días, las miradas críticas se concentran en Alemania, aunque en otros países europeos haya fenómenos comparables. Pero Alemania es el país del que se teme un renacer de actitudes que podrían ser peligrosas para la paz en el mundo. Indudablemente, la explicación para esta postura crítica hacia Alemania no hay que buscarla en la historia de los últimos 50 años, sino en la fase anterior, en el periodo del Imperio de 1871 y ante todo del Tercer Reich (1933-1945), responsable de la hecatombe que significó la Segunda Guerra Mundial, y del holocausto del pueblo judío.

Después de la Segunda Guerra Mundial, fueron primero los aliados victoriosos los que empezaron con el proceso de desnazificación. El Tribunal de Nuremberg fue el más espectacular. Desafortunadamente, parte de la población alemana no lo interpretó como un mecanismo justo para castigar a los máximos responsables de actos criminales, sino como venganza de los vencedores. Si bien en los años que siguieron a la fundación de la República Federal, en 1949, prosiguió el proceso de desnazificación, ahora bajo la responsabilidad de tribunales alemanes, gran parte de la sociedad alemana (occidental) estaba ocupada en la reconstrucción material del país y se negaba a asumir la responsabilidad de lo ocurrido. Poco a poco iban surgiendo a la luz del día los crímenes cometidos contra judíos, "gitanos" (Sinti y Roma) y otros pueblos. Una reacción generalizada fue afirmar que no se había sabido nada de estas atrocidades, o bien que en un estado totalitario como el nazi no se había podido hacer nada en contra sin arriesgar la propia vida. Muchos de los "pequeños" (y "grandes") nazis siguieron en sus puestos, jueces del Tercer Reich siguieron dictando sentencias, profesores de dudosa convicción democrática siguieron impartiendo lecciones (omitiendo, siempre que podían, en sus clases de historia la peligrosa fase del Tercer Reich, en la que muchos de ellos estaban implicados de alguna manera).

No fue sino en los años 60 cuando el movimiento estudiantil, en su variante alemana, se rebeló también contra el conservadurismo de los gobiernos democristianos, contra la problemática postura de la generación de los padres ("no he sabido nada de eso", "en el fondo siempre he sido opositor al régimen nazi"), abogando por una preocupación intelectual más profunda con relación al periodo del Tercer Reich (y la problemática del autoritarismo alemán que hizo posible la dictadura nazi) que esclareciera las responsabilidades de las elites y de la sociedad civil en general. Fue entonces cuando en los colegios empezó a analizarse a fondo este lúgubre periodo de la historia nacional, cuando se escribieron detalladas historias locales identificando claramente a los actores, cuando (algo más tarde) la película estadounidense *Holocausto* impactó enormemente a la sociedad (ante todo a la juventud) alemana. La historia de la dictadura nazi se hizo omnipresente en la conciencia colectiva del país, y la nueva política exterior del gobierno socialdemócrata/liberal bajo el canciller Willy Brandt hacia Europa del Este (la nueva *Ostpolitik*) recalcó la responsabilidad histórica alemana frente a los vecinos en Europa que fueron víctimas de la agresión nazi en la Segunda Guerra Mundial. Por otro lado, pronto surgirían voces neoconservadoras que exigían la finalización de este ahondar en las llagas del pasado, que junto al "¡Nunca más!" de los autocríticos clamaban por un "¡Basta ya!" de los "normalizadores". Estas dos tendencias siguen vigentes hasta hoy en la sociedad alemana.

Indudablemente, ha sido en la historiografía seria donde mejor se puede apreciar desde un principio la disposición a criticar las posturas adoptadas en las primeras fases después de 1945. Toda la historiografía alemana de la postguerra ha sido influenciada profundamente por el derrumbamiento del Tercer Reich. Los historiadores se han ocupado continuamente de la pregunta de por qué el fascismo en su versión más perversa pudo llegar al poder en Alemania y ejercer un dominio de doce años sobre los alemanes, en buena parte (por lo menos durante algún tiempo) con la aquiescencia de éstos. La continua preocupación historiográfica respecto al Tercer Reich no significa que la ciencia histórica alemana no haya evolucionado. Muy al contrario: en las últimas décadas, la historiografía de la República Federal de Alemania ha experimentado una fase de cambio acelerado que se caracteriza por una disposición relativamente alta a revisar posiciones tradicionales y a abrirse frente a innovaciones metodológicas (*cf.* W.J. Mommsen, 1981; E. Schulin y E. Müller-Luckner, 1989; W. Schulze, 1989; H. Möller, 1988). De esta manera se han conseguido superar el subdesarrollo metodológico existente en 1945 y las posiciones clásicas de un historicismo nacional. Por otro lado, las posiciones innovadoras de los años 50 y 60, con sus enfoques claramente reformistas, parecen haberse estancado en los años 70 y 80, pudiendo registrarse en la última década un renacimiento de posiciones historicistas supuestamente superadas. Al mismo tiempo se han acentuado de nuevo las luchas entre diferentes tendencias historiográficas. Si bien las ciencias históricas se presentan hoy en Alemania como una disciplina con un amplio abanico de posiciones metodológicas y políticas, no existe un consenso aceptado por todos sobre la función de la historia en una sociedad industrial moderna y sobre sus bases metodológicas.

Las primeras décadas después
de la Segunda Guerra Mundial

Hasta hoy, en la investigación sigue prevaleciendo el teorema del "desarrollo especial" o del "camino divergente" alemán, es decir de una tercera vía (*deutscher Sonderweg*), diferenciada del desarrollo en los estados democráticos de la Europa occidental. Un segundo gran problema es la acentuada crisis de la conciencia histórica en los años 50 y 60; el comportamiento ahistórico de amplias capas de la sociedad alemana se debía tanto a la convicción de que la historia había perdido su significado, como a la intención de no querer encarar el pasado reciente. La tarea consistía, pues, en elaborar una base para la recuperación de la conciencia histórica que no omitiera simplemente los años de la dictadura nacionalsocialista (para una revisión crítica de las tradiciones políticas e historiográficas *cf.* H. Heimpel, 1960, A. Heuß, 1959; R. Wittram, 1968; como panorama general de la historiografía alemana después de 1945 *cf.* G. Iggers, 1976, 1978; B. Faulenbach, 1974; W. Conze, 1977; H.-U. Wehler, 1979).

El distanciamiento de las tradiciones de un historicismo que se había convertido en apoteosis de la propia historia nacional fue un proceso difícil y lento. La primera generación de historiadores de la posguerra, casi todos ellos conservadores, ya estaban convencidos de que había que prescindir de la glorificación del "camino especial alemán" entre democracia materialista de Occidente y autocracia de Oriente. Querían presentar una historia alemana, en cuya continuidad no había tendencias fascistas. Gerhard Ritter, por ejemplo, insistía en su fundamental obra sobre el problema del "militarismo" en Alemania, en que la política militar de Federico el

Grande de Prusia y la política de Bismarck no conducían directamente a Hitler, sino que el militarismo prusiano-alemán era, en el fondo, un desvío, un desarrollo equivocado cuyas bases no radicaban en la estructura del Imperio (G. Ritter, 1954). Y Hans Rothfels, en su estudio sobre la oposición contra Hitler, se esforzó en mostrar que las tradiciones del pensamiento conservador alemán no debían ser condenadas completamente (H. Rothfels, 1949).

Estas obras —y varias otras de la misma tendencia— metódicamente no eran innovadoras; más bien, se circunscribían los instrumentos clásicos de un historicismo individualizador. El debate de los años 50 sobre la imagen de Bismarck en la historia muestra claramente que la historiografía de la posguerra seguía ubicada en los paradigmas clásicos. La gran mayoría de los historiadores alemanes seguía enjuiciando positivamente la persona y la política de Bismarck como una postura moderada en el contexto europeo de su época. Las faltas en la política interna se atribuían no al "Canciller de Hierro", sino más bien a las pretensiones nacionalistas de sus adversarios o a las tendencias generales de la época (*cf.* L. Gall, 1971).

En relación con el debate sobre Bismarck se cristalizaron dos nuevas tendencias historiográficas, enormemente importantes para el ulterior desarrollo de la disciplina histórica:

1] Theodor Schieder, acentuando la dimensión antropológica y relativizando la tradición idealista de la historiografía alemana, trató de captar los factores condicionantes de toda actuación humana. De esta manera, Schieder mostró a la historiografía el camino para abrirse a las ciencias sociales y analizar los factores que en las instituciones y estructuras determinan el cambio histórico. El método de "tipo ideal", tomado de Jakob Burckhardt y Max Weber, resultó ser un instrumentario más adecuado que el método individualizador (T. Schieder, 1965).

2] La segunda nueva tendencia historiográfica se refleja en la obra de Werner Conze y su intento de escribir una "historia social europea". Si bien Conze todavía hizo uso del instrumentario clásico del historicismo, analizó, por otro lado, conceptos cruciales como proletariado, nación y sociedad, describiendo de esta manera los sucesos en los niveles inferiores del sistema social, no abarcados totalmente por el Estado (W. Conze, 1962). Conze tenía la intención de continuar sus investigaciones en dirección a una historia estructural de *longue durée*, según el ejemplo de la escuela de los *Annales*; pero la mayoría de los historiadores alemanes todavía rechazaba la postergación de los aspectos políticos en favor de tendencias de largo alcance. No obstante, Conze ha dado impulsos esenciales a lo que más tarde sería la moderna historiografía social.

Paralelamente a estas tendencias se desarrolló una historiografía ampliamente influenciada por las ciencias políticas estadounidenses que analizó el reciente pasado alemán, ante todo la República de Weimar y la toma de poder nazi. El neoliberalismo de Ernst Fraenkel y su teoría del "Estado dual" nazi como compromiso entre movimiento fascista y elites autoritarias fueron trascendentales (E. Fraenkel, 1964), influyendo en la generación de Gerhard A. Ritter, Gerhard Schulz y Karl Dietrich Bracher. El neoliberalismo de Hannah Arendt y la teoría del totalitarismo cobraron la categoría de doctrina predominante, lo que se puede apreciar ante todo en las obras de Bracher sobre la disolución de la República de Weimar (K.D. Bracher, 1971, 1974).

La ruptura con las tradiciones

Si bien esta escuela político-histórica mostró un nuevo camino, la ruptura radical con las tradiciones de la historiografía alemana no tendría lugar hasta comienzos de los años 60, cuando Fritz Fischer publicó sus investigaciones sobre las causas de la Primera Guerra Mundial y las metas perseguidas por Alemania en la guerra (F. Fischer, 1961, 1965, 1969, 1977). El punto crucial del debate que se entabló entre los historiadores alemanes fue la pregunta de quién era culpable y responsable del estallido de la Primera Guerra Mundial. Fischer acusaba al gobierno del Imperio alemán de haber preparado metódicamente una guerra ofensiva con la intención de llegar a ser potencia mundial, y la euforia bélica nacionalista de la Primera Guerra Mundial se correspondía, en esta visión, con el posterior ascenso del nacionalsocialismo. Con estas tesis, Fischer deshizo una serie de tabúes existentes entre los historiadores alemanes, ya que la política alemana desde Bismarck aparecía como una mezcla de nacionalismo, militarismo y política exterior agresiva, es decir, como la prehistoria directa del nacionalsocialismo.

El debate surgido por las tesis de Fischer fue extremamente agudo y agresivo. En un principio, la controversia giraba en torno a una metodología convencional de historia diplomática; la generación posterior, de historiadores más jóvenes, refinó el instrumentario haciendo uso de una metodología estructural-funcional, para llegar a una explicación estructural de la política alemana como potencia mundial. En la retrospectiva se puede decir que la polémica en torno a la responsabilidad alemana con respecto al estallido de la Primera Guerra Mundial fue el final de la historiografía tra-

dicional de historia política nacional. De entonces en adelante se llegaría a una revisión fundamental de las tradiciones historiográficas alemanas; las raíces del desastre de 1933
se buscarían en las peculiaridades de la tradición política alemana desde comienzos del siglo XIX, y toda la historia moderna alemana fue sometida a un análisis crítico y a reinterpretaciones fundamentales tratando de explicar, en primer
lugar, los obstáculos que impedían o por lo menos dificultaban una democratización profunda del Estado y de la sociedad en Alemania. En este contexto hay que mencionar los
trabajos de Hans-Ulrich Wehler sobre el "imperialismo social"; los ataques de Immanuel Geiss contra los métodos
idealistas empleados hasta entonces; los estudios de Hans
Mommsen sobre la resistencia contra el nacionalsocialismo
en los que se relativizaba el factor democrático entre los adversarios conservadores de Hitler y se acentuaba, al mismo
tiempo, el papel de la resistencia socialista y comunista.

Tras estas modificaciones, a finales de los años 70 y comienzos de los años 80, la historiografía alemana se presentaba diferenciada, pudiendo comprobarse como resultado de
las polémicas anteriores las siguientes tendencias:

1] La historiografía política seguía conservando su posición hegemónica, mientras que la historia estructural (al estilo de los *Annales*) o historia social (en el sentido de historia de fenómenos prepolíticos como deporte u ocio)
ocupaban una posición más bien marginal. Por otro lado, se
ha ampliado considerablemente la definición de historia
política, siendo cada vez más difícil distinguirla de disciplinas especializadas como historia económica o social en un
sentido amplio. La historiografía política abarca, más bien,
todo el ámbito de la sociedad y no sólo los procesos políti

cos a nivel de órganos estatales y del proceso de toma de decisiones.

2] La necesidad de integrar en una historiografía política moderna las fuerzas motrices y los factores condicionantes en los sectores social y económico es reconocida también por historiadores de una segunda tendencia, que propugnan una "historia política moderna". Esta tendencia, representada por Andreas Hillgruber o Klaus Hildebrand, polemiza con la llamada "escuela de Bielefeld" para la que la historia es una ciencia social. Esta historiografía política "moderna" trata de restituir la historia de las relaciones internacionales sobre una base neorankeana (*cf.* A. Hillgruber, 1973; K. Hildebrand, 1976).

3] El debate entre "historiadores sociales" e "historiadores políticos" no puede ocultar que metódicamente la historiografía alemana ha avanzado considerablemente desde los años 50, dejando tras de sí posiciones historicistas y métodos individualizantes. Hoy nadie pone en duda que hay que analizar las estructuras condicionantes dentro de las cuales se realizan las decisiones relevantes. Toda una generación de historiadores está empeñada en analizar los factores sociales e institucionales que influyen en las actuaciones políticas o el comportamiento social de individuos o grupos. La tendencia más desarrollada es la que podría denominarse de historia de estructuras políticas, que analiza sistemas políticos, partidos y asociaciones con métodos funcional-estructurales. Aquí habría que mencionar los estudios sobre la estructura de los partidos políticos, sobre el movimiento obrero o sobre el sistema de dominación nacionalsocialista con sus estructuras policráticas (*cf.* G. Hirschfeld y L. Kettenacker, 1981).

4] Uno de los aspectos más controvertidos es la pregunta de si se pueden analizar las relaciones internacionales con métodos de historia social o de análisis estructural. Si bien ya nadie afirma que lo único que prima en el análisis es la política interior, sí hay una fuerte tendencia según la cual la política exterior debe ser interpretada como resultado de las grandes luchas sociales en el seno de las sociedades, y no como el arte de hacer diplomacia. Este enfoque también se aplica a las investigaciones sobre el imperialismo, en las que no sólo se analizan las causas endógenas de la política imperialista, sino que se consideran también, y cada vez más, los factores periféricos, es decir las condiciones reinantes en los países objeto de la política imperialista (*cf.* W.J. Mommsen, 1978).

5] La historia económica ha sido algo descuidada. Durante mucho tiempo estuvo concentrada en cuestiones de historia agraria; últimamente interesan más la industrialización, aspectos de la protoindustrialización y las repercusiones de la primera industrialización sobre las estructuras sociales en los estados alemanes. El modelo interpretativo de "capitalismo organizado" —desarrollado por Heinrich August Winkler, Hans-Ulrich Wehler y Jürgen Kocka, basándose en Rudolf Hilferding (*cf.* H.A. Winkler, 1974)— trata de combinar historia económica con historia general, para presentar una interpretación global del periodo comprendido entre 1880 y 1945. Últimamente, el teorema de "capitalismo organizado" ha sido criticado con el argumento que no se puede diferenciar claramente entre capitalismo temprano y capitalismo organizado, y que los elementos de dirección del sistema económico —cruciales en el modelo de capitalismo organizado— no pueden ser señalados y caracterizados específicamente (*cf.* J. Kocka, 1980).

6] La historiografía moderna se ha alejado del credo ingenuo historicista de que existe una historia objetiva. Los historiadores escriben historia desde diferentes perspectivas, con conceptos teóricos distintos. El distanciamiento teórico de los elementos dogmáticos del historicismo ha facilitado a la ciencia histórica alemana hacer uso de las técnicas investigadoras de las ciencias sociales. Esto es válido, ante todo, para la historia económica, la demografía, la historiografía cuantitativa, la prosopografía, la historia de la estratificación social, el análisis de las capas medias y bajas, las elites, la movilidad social, el sistema educativo y muchos otros aspectos (*cf.* H. Kaelble, 1978).

7] También una rama tradicionalmente importante de la historiografía alemana se ha visto expuesta a una importante reorientación: la historia del movimiento obrero. En los años 50 y 60 se escribían historias del movimiento obrero político, ante todo del movimiento socialdemócrata. Últimamente, el interés se ha desplazado hacia aspectos socioculturales y económicos de este movimiento (*cf.* H.-U. Wehler, 1978). Se escriben menos historias de las organizaciones obreras, y más historias sobre las condiciones de vida de los obreros, la cultura obrera y la postura social de los trabajadores industriales y preindustriales.

Se puede decir, pues, que a finales de los años 70, en Alemania la mayor parte de la necesaria revisión historiográfica había sido realizada. Fue entonces cuando pudo apreciarse una especie de culminación al respecto; de nuevo se oyeron voces que decían que en los últimos lustros se había insistido demasiado en la crítica de las tradiciones autoritarias y nacionalistas en la sociedad alemana. Desde principios de los años 80, se puede apreciar un "cambio de rumbo" en la historiografía alemana hacia posiciones más conservadoras y hacia un endurecimiento dogmático. La historia social es atacada e interpretada como un peligro de izquierdismo radical. Estas críticas conservadoras esperan de la historiografía que no ponga continuamente en tela de juicio las tradiciones midiéndolas en ideales abstractos, sino que haga aportaciones para fundamentar una nueva identidad nacional de los alemanes. Si bien la función de la historia no es solamente crítica para con posiciones ideológicas, sino también "conservadora" en el sentido de facilitar al individuo una orientación positiva en la sociedad, no se puede negar que el renacimiento del pensamiento conservador corría parejo con el ambiente político en la República Federal de Alemania, marcadamente más conservador en los años 80 que en los 70.

El resurgimiento del neohistoricismo

Uno de los primeros ataques contra el revisionismo crítico no vino de un historiador alemán, sino inglés. Geoff Eley argumentó que no se podía partir de un desarrollo supuestamente armónico en el caso inglés, desde condiciones preindustriales hasta la moderna democracia industrial, tomando este desarrollo inglés como "modelo" e interpretando el caso alemán como un desvío del sendero hacia una democracia liberal sobre una base capitalista que aparece, en esta interpretación, como el término teleológico del desarrollo de las sociedades occidentales (D. Blackbourn y G. Eley, 1980; G. Eley, 1986). Indudablemente, el problema del *Sonderweg* alemán ha sido, implícita o explícitamente, quizá el tema predominante en la historiografía alemana de los últimos 30 años, si bien las respuestas dan lugar a todo tipo de interpretaciones (*cf.* H.A. Winkler, 1981; H. Grebing, 1986).

Aunque seguían apareciendo explicaciones tradicionalistas, conservadoras y hasta neonacionalistas, la tendencia predominante había sido una historiografía liberal y crítica. Esta tendencia se vería expuesta desde finales de los años 70 a un serio reto. Entre otros, fue Thomas Nipperdey quien habló no de un *Sonderweg* alemán, sino de una pluralidad de *Sonderwege*, siendo el alemán sólo uno entre otros (*cf.* T. Nipperdey, 1987, 1990; B. Faulenbach, 1980). Y algunos historiadores, retomando posiciones tradicionales, argumentaron que si había un *Sonderweg* alemán en los siglos XIX y XX, éste había sido dictado por las exigencias de la posición geo-estratégica alemana, como potencia en el centro de Europa, rodeada y potencialmente amenazada por potencias rivales.

Estas nuevas (y en casos, viejas) interpretaciones de los historiadores alemanes dejan entrever claramente una nueva tendencia conservadora; las visiones revisionistas cedieron el paso a interpretaciones más pragmáticas. Las anteriores interpretaciones más radicales de la historia alemana, por ejemplo el libro de Hans-Ulrich Wehler sobre el Imperio (*cf.* H.-U. Wehler, 1973), fueron críticadas como demasiado extremistas. Se exigía "justicia" para los "abuelos" y "antepasados" (expresiones usadas frecuentemente por Nipperdey).

De nuevo el Imperio de Guillermo II fue el blanco de los contraataques a las interpretaciones liberales. Muchos de los historiadores revisionistas habían argumentado que el sistema político del Imperio había sido autoritario y represivo. Ahora aparecía una visión alternativa que hablaba de una "silenciosa parlamentarización" del Imperio (*cf.* M. Rauh, 1973, 1977) desde 1900, y muchos rasgos modernos del

Imperio anticipaban la democracia de los años 50. El desastre de 1914 de nuevo fue explicado como un mal funcionamiento del sistema de estados europeos, y no como resultado de tendencias agresivas del nacionalismo imperialista.

Los historiadores críticos para con las posiciones revisionistas no han presentado, hasta hoy, un paradigma nuevo. Si bien también ellos admiten que la sociedad alemana fue autoritaria, arguyen que en una comparación internacional Alemania no fue singular al respecto. Exigen más "comprensión" por la generación de los abuelos que deben ser vistos como fueron, y no como debían haber sido de acuerdo con las normas morales de los estándares democráticos de hoy. La escuela revisionista es acusada de no haber mostrado ni comprensión ni compasión con las generaciones anteriores, de no haber enjuiciado al Imperio con sus propias normas, sino con los valores y normas de hoy, lo que ha llevado a interpretaciones injustas.

Se puede decir, pues, que los principios del historicismo son invocados nuevamente para llegar a una interpretación menos crítica de la reciente historia alemana. Un representante sobresaliente de esta línea interpretativa es Thomas Nipperdey, quien critica las versiones presentadas por Wehler del Imperio. En su libro sobre la historia alemana entre 1800 y 1866 subraya la diversidad de posibles desarrollos alternativos en cada momento de la historia. Las decisiones de 1866 y 1867 —la guerra interalemana y la fundación de la Confederación Germánica— son interpretadas como compromiso histórico que dejaba abierta la posibilidad de un potencial desarrollo hacia una sociedad liberal, igual que hacia una política de opresión del liberalismo en un sistema pseudoconstitucional. Los libros de la tendencia de Nipperdey han sido calificados como un reflejo del ambiente mental de *juste milieu*, típico del presente clima político en la República Federal de Alemania. También la biografía de Lothar Gall sobre Bismarck ha sido descrita como el intento de quedar bien con todas las escuelas históricas, presentando a Bismarck como al hombre de Estado que sabía lo que el tiempo reclamaba. El *Kaiserreich*, por lo tanto, no fue creado contra el espíritu del tiempo, sino de acuerdo con él (L. Gall, 1981).

Desde principios de los años 80 se puede apreciar, pues, un cambio en la historiografía alemana: un cambio en las interpretaciones predominantes. Si hasta entonces gran parte de la investigación histórica estaba dominada por la pregunta de cómo el fascismo pudo llegar al poder en Europa y concretamente en Alemania, poco a poco se ponía en tela de juicio si la "prehistoria" del nacionalsocialismo seguiría siendo el paradigma prevaleciente. Se hacía hincapié en que había "muchas continuidades" en la historia alemana, y no sólo *una* conducente directamente a la toma del poder por Hitler. El potencial modernizador de sociedades no democráticas (como la del Segundo Imperio) fue y es caracterizado de manera más positiva, con la consecuencia de que al advenimiento del fascismo se le atribuye un carácter menos necesario de lo que se había considerado antes. La reciente historia alemana se presenta, desde esta perspectiva, bastante más "abierta" de lo que se había estado opinando en las primeras décadas después de 1945.

La tendencia neohistoricista ha producido grandes obras históricas que son interpretaciones más o menos equilibradas, basadas en la historiografía "revisionista" de las décadas anteriores (de la que, por otro lado, se distancian). No ofrecen un nuevo paradigma interpretativo; más bien se podría decir que intentan una corrección suave y cautelosa de las interpretaciones claramente "revisionistas" de los últimos 20 años. En una concepción teórica, este grupo ha recibido apoyo indirecto gracias al renacimiento de lo narrativo como modo de presentación histórica. La narrativa histórica (*die Erzählung*) pretende, como los neohistoricistas, poder renunciar a la teoría (lo cual es imposible, aunque no todos los historiadores lo reconozcan así). Obras históricas narrativas tienen actualmente gran éxito entre un público de masas; el relativo conservadurismo generalizado en la sociedad alemana apoya al redescubierto historicismo, y se expresa también en el redescubrimiento de la historia por parte del gran público, en el acentuado interés por exposiciones históricas, museos, etc.

A las críticas hechas a la historiografía "revisionista" desde la derecha hay que añadir las provenientes de la izquierda, de los promotores de la llamada *Alltagsgeschichte* (historia de los hechos cotidianos), que critica tanto a los que se ocupan sólo de la "alta política" como a los representantes de la historia social con orientación teórica. Surgió un nuevo interés por la historia local, como fue vivida por el ciudadano común y corriente. Esta *Alltagsgeschichte* —practicada más fuera que dentro de las universidades— fue, de alguna manera, historicista en su metodología, aunque su intención fue emancipadora. Devolviendo al ciudadano común y corriente su propia historia para ayudarle a desarrollar su propia conciencia histórica en lugar de presentarle la visión histórica de la "cultura hegemónica", se esperaba que surgiera una nueva base para una política progresiva. La llamada "escuela de Bielefeld" (Hans-Ulrich Wehler y

Jürgen Kocka, especialmente) atacaron severamente esta nueva tendencia, en la que apreciaban un nuevo irracionalismo emocional con rasgos similares a los que ellos combatían desde su posición de historia como ciencia social. De momento, las posiciones al respecto están claramente confrontadas.

La nueva *Alltagsgeschichte* pone en un aprieto a los historiadores sociales que consideran el desarrollo sistemático de la historia como ciencia social como una posibilidad de superar visiones y métodos tradicionalistas. En cierta manera, la *Alltagsgeschichte* representa una variedad nueva de neohistoricismo, si bien limitada a aspectos metodológicos, estos últimos íntimamente unidos a la antropología social. Este tipo de *Alltagsgeschichte* no tiene contacto con la política, cultiva un estilo de vida alternativo en lugar de fomentar una conducta política racional dentro de una sociedad democrática. Algunos historiadores neoconservadores incluso incluyen elementos de la *Alltagsgeschichte* en sus obras, con una clara intención despolitizadora. Este enfrentamiento entre diversas tendencias metodológicas y maneras de instrumentalizar la historia ha sido resumido bajo las categorías de "identidad" en lugar de "emancipación" (K.-E. Jeismann, 1986). Esta última parece no ser ya la intención primaria perseguida con la historia. Todavía no se puede predecir el futuro desarrollo historiográfico en Alemania; lo que parece indudable es que actualmente se han diluido los acentuados frentes historiográficos de hace unas décadas, que hay una clara tendencia neoconservadora y la velada intención de instrumentalizar la historia con fines políticos.

La historia del "tiempo presente"

La exposición de las corrientes historiográficas debe ser complementada por un apartado que ha cobrado gran importancia en la historiografía alemana de la posguerra : lo que se ha llamado historia del "tiempo presente" (*Zeitgeschichte*), y para cuya investigación a principios de los años 50 fue creado un instituto de investigación (Institut für Zeitgeschichte) en Munich.

La intención perseguida por la historia del "tiempo presente" fue, en un principio, no tanto científica cuanto que moral o moralizante, ya que se trataba de enjuiciar los crímenes del Tercer Reich que poco a poco iban saliendo a la luz del día. El carácter moral del enjuiciamiento del nacionalsocialismo desembocó en pedagogía política: crítica moral y función política con la intención de educar al pueblo alemán hacia la democracia se complementaron y formaron una de las características en los comienzos de la historia del tiempo presente. La consecuencia científica de este interés moralizante fue que el objeto de investigación seguiría siendo, durante décadas, el Tercer Reich y el problema de la continuidad en la historia alemana. Esto significó que los historiadores se ocuparon del fracaso de la democracia, del sistema totalitario y de la reconstrucción democrática después de 1945 en la parte occidental de Alemania.

Hans Rothfels propuso como fecha clave para la historia del tiempo presente el año 1917, cuando en Rusia tuvo lugar la Revolución y los Estados Unidos entraron en la Primera Guerra Mundial. En aquel año dio comienzo tanto la unidad global como la división polar del mundo. Para el caso alemán, uno de los primeros objetos de investigación fue la revolución de 1918-1919 e, íntimamente relacionada con ella, la disolución de la República de Weimar.

Las grandes discrepancias históricas de los últimos 30 años siempre han sido puntos de inflexión del pensamiento político; indican un cambio del horizonte vivencial político. En el caso del nacionalsocialismo ha habido tres enfoques interpretativos: el primero, la concepción del totalitarismo, predominante en los años 50; el segundo, el debate de los años 60 acerca de si el concepto de fascismo puede ser delimitado para una época y aplicado al nacionalsocialismo; y el tercero, la discusión sobre el sistema de la dictadura nazi, si se trataba de un sistema totalitario y monocrático, o de un sistema improvisador y policrático de grupos de poder rivales.

También para la interpretación del nacionalsocialismo como totalitarismo, el año 1917 es de trascendental importancia, ya que la Revolución de Octubre era una de las precondiciones decisivas para la lucha entablada entre fascismo y bolchevismo por un lado y las democracias liberales por el otro. Pero eran ante todo analogías en la estructura de poder entre nacionalsocialismo y estalinismo las que condujeron al modelo totalitario de interpretación fomentado además por la coyuntura política de la guerra fría. La concepción de totalitarismo influyó también decisivamente en la labor historiográfica de la historia del "tiempo presente", y concretamente en la obra de Karl Dietrich Bracher sobre la disolución de la República de Weimar.

Los conceptos usados en el análisis del nacionalsocialismo obstaculizan a veces una comprensión adecuada del fenómeno. Así, en el fondo del debate ya no se trata de la pregunta de si el Tercer Reich fue policrático, monocrático o totalitario, ya que todos estos rasgos pueden ser identificados en el sistema nazi, sino en qué medida estos elementos se entremezclaron. Hasta hoy se sigue discutiendo sobre si el caos organizativo en las estructuras de poder fue intencionado, como afirma Bracher, o si se fundaba en la incapacidad del dictador, según la interpretación de Hans Mommsen, que califica a Hitler de "dictador débil".

Otra de las controversias no solucionadas hasta hoy es la interpretación del holocausto. Ningún historiador serio pone en duda el crimen mismo de los asesinatos masivos. Pero mientras que una rama interpretativa —p. ej. Andreas Hillgruber, Hermann Graml, Helmut Krausnick— afirma que hubo una radicalización planeada y sistemática de la política antisemita, cuyo punto culminante fue el asesinato sistemático en los campos de exterminio, la otra —p. ej. Martin Broszat— pone en duda que el holocausto fuera la necesaria consecuencia del antisemitismo nazi; según esta última interpretación, el antisemitismo se agudizó debido a la situación bélica, y no fue hasta comenzada la guerra cuando se tomó la decisión del exterminio total de los judíos europeos.

Las concepciones en la investigación sobre el nacionalsocialismo dejan entrever un cambio significativo en el horizonte político de los investigadores. Así, en los primeros años después de 1945 se resaltó mucho más el carácter totalitario del nacionalsocialismo que en las décadas posteriores, y la tendencia a interpretaciones globales y moralizantes fue mayor que hoy. No obstante, como demuestra la polémica entre los historiadores alemanes sobre el Tercer Reich, comenzada en 1986, la discusión política y moral de la dictadura nazi sigue teniendo gran importancia en la discusión pública alemana.

Un último aspecto que hay que mencionar es la investigación sobre la historia de la República Federal de Alemania, es decir, la historia del "tiempo presente" *stricto sensu*. La investigación sobre la RFA se diferencia de otras historias nacionales en el sentido de que por un lado sentía sobre sí la carga moral y política del Tercer Reich, y por otro era un estado parcial. La República Federal se autodeclaraba sucesora legal del Imperio alemán, es decir también del Tercer Reich, con todas las consecuencias histórico-políticas, psicológicas y morales, mientras que para los historiadores de la República Democrática Alemana la historia del "tiempo presente" empezó —y ello es característico— con el año 1945, reclamando exclusivamente para ellos las "tradiciones progresivas de la historia alemana". La RDA nunca ha asumido parte de la responsabilidad respecto al Tercer Reich, aduciendo su "antifascismo" y la resistencia comunista contra Hitler.

A estas divergencias entre los dos estados alemanes vino a sumarse otra polémica en Alemania occidental: la pregunta de si la República Federal de Alemania ha estado y sigue estando caracterizada por restauración o un comienzo nuevo (*Restauration oder Neubeginn?*). Esta polémica ha suscitado muchas emociones, si bien también en este caso habría que decir que elementos de continuidad y de discontinuidad van íntimamente entrelazados (*cf.* J. Becker, 1987). Indudablemente el Estado alemán, creado después de 1945, surgió en oposición a muchas tradiciones anteriores: no se restituyó un Estado-nación hasta 1990. El orden constitucional de la República Federal muestra una clara oposición frente a la dictadura nazi, incluso frente al "semiparlamentarismo" de la República de Weimar. La estructura social de la RFA se vio ampliamente modificada por la integración de doce millones de fugitivos y trasterrados. El sistema económico de la economía social de mercado (Alfred Müller-Armack, Ludwig Erhard) se diferencia sustancialmente de la estructura económica del Tercer Reich y de la República de Weimar. El sistema de partidos es más estable y más homogéneo en el sentido de comprender un consenso fundamental sobre el orden constitucional, estatal y social. Y la integración de la República Federal de Alemania en las estructuras de Occidente no tiene paralelismo en la historia alemana y ha acabado definitivamente con las pretensiones de una tercera "vía alemana" entre los sistemas "orientales" y "occidentales". Por lo tanto —y éste es uno de los resultados de la investigación de los últimos años— parece claro que priman los elementos de discontinuidad y de comienzo nuevo frente a los factores continuistas; la tesis de la restauración en los años 1945 a 1949 no se podrá mantener frente a las innovaciones políticas y socioeconómicas de aquellos años.

Resumen

Resumiendo, se pueden distinguir tres fases en el desenvolvimiento de la historiografía en la RFA: el primer periodo, entre 1945 y el final de los años 50, se caracteriza por una cautelosa reinterpretación de la historia alemana más reciente, predominantemente desde una perspectiva liberal-conservadora. Esta tendencia quería seguir haciendo uso de los métodos historicistas, si bien también iba encaminada a modificar la historiografía anterior de política nacional, considerando más métodos de historia social. En una segunda fase, a partir de los años 60, la historiografía, ya firmemente asentada en bases de un Estado democrático, analizó la historia alemana desde una perspectiva mucho más crítica y revisionista. Metódicamente, se amplió además el espectro analítico integrando las concepciones y la terminología de las ciencias sociales sistemáticas, superando de esta manera la tradicional historiografía política.

Desde los años 70 esta tendencia crítica y revisionista, en una tercera fase del desarrollo historiográfico alemán, es atacada e incluso rechazada. En este contexto, es de gran importancia el debate sobre la llamada tercera "vía alemana". Se puede comprobar un cambio hacia posiciones más conservadoras que aboga por una mayor comprensión frente a lo ocurrido en la reciente historia alemana. El punto fundamental de la discusión pregunta si la historia debe colaborar a la emancipación de ideologías autoritarias o si su labor principal consiste en fomentar una nueva identidad nacional. Sobre este punto gira un enconado debate; por de pronto, no parece que pueda llegarse a un consenso.

Bibliografía

Becker, Josef, *et al.* (eds.), *Vorgeschichte der Bundesrepublik Deutschland. Zwischen Kapitulation und Grundgesetz.* Munich (Fink UTB), 1987.

Blackbourn, David, y Geoff Eley, *Mythen deutscher Geschichtsschreibung. Die gescheiterte bürgerliche Revolution von 1848.* Francfort del Meno (Ullstein), 1980.

Bracher, Karl Dietrich, *Die Auflösung der Weimarer Republik. Eine Studie zum Problem des Machtverfalls in der Demokratie.* Villingen (Ring), 1971.

Bracher, Karl Dietrich, *et al.*, *Die nationalsozialistische Machtergreifung*. Francfort del Meno (Ullstein), 1974.

Conze, Werner (ed.), *Staat und Gesellschaft im deutschen Vormärz 1815-1848*. Stuttgart (Klett), 1962.

Conze, Werner, Die deutsche Geschichtswissenschaft seit 1945. Bedingungen und Ergebnisse, en: *Historische Zeitschrift* 255, 1977, pp. 1-28.

Eley, Geoff, *From Unification to Nazism*. Boston (Allen & Unwin), 1986.

Faulenbach, Bernd (ed.), *Geschichtswissenschaft in Deutschland*. Munich (Beck), 1974.

Faulenbach, Bernd, *Ideologie des deutschen Weges. Die deutsche Geschichte in der Historiographie zwischen Kaiserreich und Nationalsozialismus*. Munich (Beck), 1980.

Fischer, Fritz, *Griff nach der Weltmacht. Die Kriegszielpolitik des kaiserlichen Deutschland*. Francfort del Meno (Droste), 1961.

Fischer, Fritz, *Weltmacht oder Niedergang. Deutschland im Ersten Weltkrieg*. Francfort del Meno (Europäische Verlags-Anstalt), 1965.

Fischer, Fritz, *Der Krieg der Illusionen. Die deutsche Politik 1911-1914*. Düsseldorf (Droste), 1969.

Fischer, Fritz, *Der Erste Weltkrieg und das deutsche Geschichtsbild. Beiträge zur Bewältigung eines historischen Tabus*. Düsseldorf (Droste), 1977.

Fraenkel, Ernst, *Deutschland und die westlichen Demokratien*. Stuttgart (Kohlhammer), 1964.

Gall, Lothar (ed.), *Das Bismarckproblem in der Geschichtsschreibung nach 1945*. Colonia (Kiepenheur & Witsch), 1971.

Gall, Lothar, *Bismarck. Der weisse Revolutionar*. Berlín (Propyläen), 1981.

Grebing, Helga, *Der "deutsche Sonderweg" in Europa 1806-1945. Eine Kritik.* Stuttgart (Kohlhammer), 1986.

Heimpel, Heinrich, *Kapitulation vor der Geschichte.* Gotinga (Vandenhoeck & Ruprecht), 1960.

Heuß, Alfred, *Verlust der Geschichte.* Gotinga (Vandenhoeck & Ruprecht), 1959.

Hildebrand, Klaus, Geschichte oder "Gesellschaftsgeschichte". Die Notwendigkeit einer politischen Geschichtsschreibung von den internationalen Beziehungen, en: *Historische Zeitschrift* 223, 1976, pp. 328-357.

Hillgruber, Andreas, Politische Geschichte in moderner Sicht, en: *Historische Zeitschrift* 216, 1973, pp. 529-552.

Hirschfeld, Gerhard, y Lothar Kettenacker (eds.), *Führerstaat: Mythos und Realität.* Stuttgart (Klett-Cotta), 1981.

Iggers, Georg, *Deutsche Geschichtswissenschaft.* Munich (Deutscher Taschenbuch Verlag), 1976.

Iggers, Georg, *Neue Geschichtswissenschaft. Vom Historismus zur historischen Geschichtswissenschaft.* Munich (Deutscher Taschenbuch Verlag), 1978.

Jeismann, Karl-Ernst, "Idendität statt Emanzipation"? Zum Geschichtsbewußtsein in der Bundesrepublik, en: *Aus Politik und Zeitgeschichte* B 20/21, del 17-V-1986.

Kaelble, Hartmut, *et al., Probleme der Modernisierung in Deutschland. Sozialhistorische Studien zum 19. und 20. Jahrhundert.* Opladen (Westdeutscher Verlag), 1978.

Kocka, Jürgen, Organisierter Kapitalismus im Kaiserreich, en: *Historische Zeitschrift* 230, 1980, pp. 613-631.

Möller, Horst, Zeitgeschichte – Fragestellungen, Interpretationen, Kontroversen, en: *Aus Politik und Zeitgeschichte* B 2/88, del 8-I-1988, pp. 3-16.

Mommsen, Wolfgang J., *Der europäische Imperialismus.*

Aufsätze und Abhandlungen. Gotinga (Vandenhoeck & Ruprecht), 1979.

Mommsen, Wolfgang J., Gegenwärtige Tendenzen in der Geschichtsschreibung der Bundesrepublik, en: *Geschichte und Gesellschaft* 7, 1981, pp. 149-188.

Mommsen, Wolfgang J., Between Revisionism and Neo-Historicism. Recent Trends in West-German Historiography, en: *Storia della Storiographia* 11, 1987, pp. 104-121.

Nipperdey, Thomas, *Deutsche Geschichte 1800-1866. Bürgerwelt und starker Staat.* Munich (Beck), 1983, 4a. ed., 1987.

Nipperdey, Thomas, *Deutsche Geschichte 1866-1918.* Munich (Beck), 1990.

Rauh, Manfred, *Die Parlamentarisierung des Deutschen Reiches.* Düsseldorf (Droste), 1977.

Rauh, Manfred, *Föderalismus und Parlamentarismus im Wilhelminischen Reich.* Düsseldorf (Droste), 1973.

Ritter, Gerhard, *Staatskunst und Kriegshandwerk. Das Problem des "Militarismus" in Deutschland.* 4 tomos. Munich (Oldenbourg), 1954.

Rothfels, Hans, *Die deutsche Opposition gegen Hitler.* Francfort del Meno (Scherpe), 1949.

Schieder, Theodor, *Geschichte als Wissenschaft. Eine Einführung.* Munich (Oldenbourg), 1965.

Schulin, Ernst, y Elisabeth Müller-Luckner (eds.), *Deutsche Geschichtswissenschaft nach dem Zweiten Weltkrieg (1945-1965).* Munich (Oldenbourg), 1989.

Schulze, Winfried, *Deutsche Geschichtswissenschaft nach 1945.* Munich (Oldenbourg), 1989.

Wehler, Hans-Ulrich (ed.), *Die moderne deutsche Geschichte in der internationalen Forschung, 1945-1975.* Gotinga (Vandenhoeck & Ruprecht), 1978.

Wehler, Hans-Ulrich, *Das Deutsche Kaiserreich 1871-1918.* Gotinga (Vandenhoeck & Ruprecht), 1973.

Wehler, Hans-Ulrich, Geschichtswissenschaft heute, en: Jürgen Habermas (ed.), *Stichworte zur geistigen Situation unserer Zeit* (tomo 2: *Politik und Kultur*), Francfort del Meno (Suhrkamp), 1979, pp. 709-753.

Winkler, Heinrich August (ed.), *Organisierter Kapitalismus. Voraussetzungen und Anfänge.* Gotinga (Vandenhoeck & Ruprecht), 1974.

Winkler, Heinrich August, Der deutsche Sonderweg: Eine Nachlese, en: *Merkur*, año 35, núm. 7, julio de 1981, pp. 793-804.

Wittram, Reinhard, *Das Interesse an der Geschichte.* Gotinga (Vandenhoeck & Ruprecht), 1968.

LA INVESTIGACIÓN HISTÓRICA
DEL "TIEMPO PRESENTE" EN ALEMANIA

Walther L. Bernecker

La historia alemana de los últimos 50 años representa, con la inclusión de los dos estados parciales alemanes en sistemas antagónicos de alianzas, una historia del tiempo presente doble y dividida. Es decir, el investigador se ve confrontado con dos diferentes historias del tiempo presente, en la fase 1945-1990, y ambas deben ser consideradas como pre-historias de una futura historia común del Estado alemán reunificado. Un paradigma investigativo del futuro consistirá en tratar de superar las barreras intelectuales, existentes durante la época de la Guerra Fría, y poner en relación las diferentes historias del tiempo presente, integrándolas en una única estructura.

El orden político bipolar de la época postbélica, que tenía como una base firme el antagonismo de sistemas competitivos, ya no existe. En Alemania, el conflicto Este-Oeste nunca fue sólo un problema de la seguridad exterior, sino siempre también un problema del orden político y social interno. Por lo tanto, el final de este orden postbélico repercute directamente, como se verá a continuación, sobre la investigación de la historia del tiempo presente.

Líneas generales de investigación, conceptos, interpretaciones

Hasta finales de los años setenta, los historiadores del tiempo presente no han considerado la historia de la República Federal de Alemania (RFA) como campo apropiado de investigación (*cf.* A. Doering-Manteuffel, 1993). Esto se debía, en primer lugar, a que los hechos se consideraban demasiado cercanos al historiador, y en segundo, a que ya no existía el marco dentro del cual solía realizarse la investigación histórica. La nación estaba dividida en dos estados; la pregunta predominante iba dirigida a investigar las causas de esa división, no sus consecuencias. Historia del tiempo presente significaba, en aquellos años, la época comprendida entre 1917 y 1945.

Los fundamentos de la historiografía alemana sobre el proceso de formación de los dos estados alemanes después de 1945 y sobre la primera fase de la RFA fueron construidos por politólogos como Hans-Peter Schwarz, Arnulf Baring, Klaus von Schubert o Waldemar Besson. Lo que interesaba era la posición del "provisorio" germano-occidental en el sistema político bipolar, y el orden político del nuevo estado. Por lo general, los trabajos de esta fase adolecían todavía de un conservadurismo metodológico; la fijación en la política refleja la gran importancia que se le atribuía a los hechos internacionales para la reorganización de Alemania, y en muchos aspectos se percibía la tradición del historicismo en la vida intelectual del país.

La primera mitad de los años setenta era la fase de la política de la distensión, y el clima político-intelectual prevaleciente dominaba el desarrollo en la historiografía del tiempo presente. Por de pronto no se amplió el espectro metodológico, ni tuvieron lugar discusiones teóricas importantes para la investigación histórica. Las primeras interpretaciones de los años de ocupación aliada y de la fundación de la democracia alemana habían estado dominados por una visión prooccidental o proamericana. A partir de la segunda mitad de los años sesenta se llegó a una revisión de las anteriores interpretaciones antisoviéticas de la Guerra Fría; se tomaban más en cuenta las interpretaciones del Este (comunistas), que veían la causa de la división de Europa en la política imperialista de los Estados Unidos y en la colaboración de los partidos burgueses alemanes por impedir cambios sociales (*cf.* W. Loth, 1980).

Esta influencia de la historiografía marxista tuvo dos consecuencias: por un lado, el marxismo pudo satisfacer la demanda de "más teoría"; por otro, pudo frenar la influencia de la "teoría crítica" de la Escuela de Francfort, orientada hacia las ciencias sociales. En el fondo, pues, se paralizó el debate sobre ampliación metodológica y nuevos cuestionamientos. Lo que se discutía era un tema muy convencional: la tesis de la "restauración", aparentemente implantada por los americanos y la burguesía en Alemania occidental después de 1945.

Mientras no se tuvo acceso a los archivos, primaron las interpretaciones idealistas de la Guerra Fría y su importancia para Alemania. Resulta característico de esta fase el libro de Ernst Nolte, *Alemania y la Guerra Fría*, de 1974, que analiza similitudes y diferencias en el autoenjuiciamiento de los Estados Unidos y la Unión Soviética (E. Nolte, 1974). En la fase de la política de distensión el libro abogaba por no ignorar, a pesar de todos los acercamientos políticos, la oposición sistemática y la enemistad de todas las dictaduras leninistas frente a las sociedades abiertas. Nolte escribió este libro en franca oposición a su colega Wolfgang Abendroth, de Marburgo, una especie de líder intelectual de la izquierda alemana en aquellos años, quien veía la culpa de la partición de Alemania y del comienzo de la Guerra Fría en las potencias occidentales y el capital alemán (W. Abendroth, 1966).

Para la historia del tiempo presente, los años setenta —en oposición a la corriente metodológica entre los contemporaneístas que hacían historia social— seguían dominados por cuestionamientos de historia política; se escribía sobre política exterior y de seguridad, el problema de la reunificación, el papel de los militares en el Estado democrático y la historia de los partidos. Apenas se discutía de temas económicos, o de las conexiones económicas de Europa occidental, partiendo del Plan Marshall. Muchos estudios se concentraron en la persona y la política del primer canciller de la RFA, Konrad Adenauer, lo cual se debía al deseo de defender al político democratacristiano contra los ataques que se habían lanzado contra él en la fase crítica de finales de los sesenta, achacándole un aire demasiado conservador, no reformista, anticomunista y confesional (R. Morsey y K. Repgen, 1971-1974).

La característica metodológica más importante de la historia del tiempo presente en los años ochenta fue su adecuación a la historia contemporánea, abandonando su posición híbrida entre la ciencia histórica y la politología. Este cambio se debía a la mejor accesibilidad a los archivos y la disponibilidad de las fuentes, tras el plazo excluyente de treinta años. Siguiendo la diferenciación metodológica desarrollada entre los contemporaneístas, también la historia del tiempo presente se subdividió en trabajos políticos, en investigaciones estructurales o de historia social, y en estudios de historia oral.

Metodológicamente innovadores eran los estudios de historia social; querían recuperar la ventaja que les llevaban los contemporaneístas desde los años setenta. Con respecto al contenido se intensificaron los temas relacionados con la continuidad en la historia alemana del siglo XX. Con ello, empezó a relativizarse el corte del año 1945, y también se relativizaron las barreras, existentes hasta entonces, entre las disciplinas de historia contemporánea e historia del tiempo presente.

Característico de esta tendencia es el tomo, editado en 1983 por Werner Conze y M. Rainer Lepsius, sobre la historia social de la RFA, con el significativo subtítulo *Aportaciones sobre el problema de la continuidad*, o el tomo, publicado por colaboradores del Instituto para la Historia del Tiempo Presente (Institut für Zeitgeschichte), *De Stalingrado a la reforma monetaria*, concebido como una "historia social del cambio en Alemania" (W. Conze y M.R. Lepsius, 1983; M. Broszat, 1988). En estos y muchos otros tomos se trataba de demostrar que la división impuesta por los regímenes políticos no equivalía a un corte social. La tesis fundamental decía, más bien, que la erosión y movilización de las tradicionales estructuras sociales ya había comenzado en la guerra, y que tras los años del caos, de la huida y de las disrupciones, la población alemana ansiaba regresar a formas de seguridad y de orden, lo que explicaría el clima de conservadurismo y de tradicionalismo reinante en la época de Adenauer.

La historia social muy pronto se vio confrontada a la "historia cotidiana". Ya a principios de los años ochenta, los primeros resultados de la historia oral en la cuenca del Ruhr

(L. Niethammer, 1983) dejaron ver lo que más tarde fue confirmado por la investigación de historia social y política: existe algo así como una "unidad de la época", desde la crisis económica mundial a principios de los años treinta hasta finales de los años cincuenta. El enriquecimiento metodológico por la historia oral consiste en la integración del factor subjetivo en el análisis histórico. Pero éste es al mismo tiempo el mayor problema metodológico, de similar importancia a la gran cantidad de testimonios orales y a la manera de analizarlos y presentarlos.

Un tema discutido intensamente en esta fase fue la importancia del año 1945 como parteaguas. Indudablemente, en la memoria colectiva el año 1945 es identificado como "hora cero", reordenamiento antifascista, reconstrucción democrática. Acentuar el carácter de corte del año 1945 debía ayudar a superar las múltiples continuidades en la manera de pensar y de comportarse provenientes de antes de la guerra. Hoy, la investigación más bien se ha distanciado de acentuar el año 1945 como escisión, basándose en las continuidades sociales. Tomando como paradigma la modernización en la historia del siglo XX, resaltaron las continuidades estructurales en el desarrollo de la sociedad alemana como sociedad industrial desde los años veinte hasta mediados de los años sesenta (M. Prinz y R. Zitelmann, 1991). Y la historia social acentúa, junto al corte políticamente importante de los años 1945 a 1948, el corte social entre 1957 y 1967, el cambio de la sociedad industrial a la postindustrial.

Antes del derrumbe socialista de 1989-1990, la historia del tiempo presente presentaba el desarrollo alemán normalmente como una evolución de la República de Weimar, pasando por el Tercer Reich, hasta la RFA. Por lo general, no se incluía a la República Democrática Alemana (RDA), o sólo como caso aparte, como desvío de la trayectoria de la historia principal alemana en el siglo XX. Esto es válido ante todo para los estudios de historia social y económica, orientados hacia un modelo occidental de modernización política y socioeconómica. Esta orientación de las investigaciones iría a cambiar fundamentalmente con la reunificación alemana, como se puede desprender de los trabajos realizados actualmente en las diferentes instituciones de investigación de la historia del tiempo presente.

Hoy, la sociedad alemana se encuentra (de nuevo) en una situación en la que debe ocuparse de un pasado extremadamente problemático. Tras la reunificación volvió a plantearse la cuestión de cómo debía tratarse (jurídica y socialmente) a la multitud de personas involucradas en el sistema de la policía secreta (*Stasi*) de la ex RDA. A diferencia de muchos estados de Europa del Este (y, por cierto, de España en la fase de la transición), donde el pasado, pasado está y apenas se discute ya sobre las responsabilidades políticas y jurídicas de los dirigentes en los regímenes hasta el derrumbamiento del comunismo, en Alemania este debate sigue siendo uno de los más importantes en la actualidad. Casi a diario salen a la luz del día nuevos casos de colaboración de políticos, artistas, intelectuales con el régimen de la ex RDA, y de nuevo la sociedad alemana está enfrentada a la pregunta sobre cómo deben tratarse, jurídica y políticamente, estos casos. (El proceso al ex dirigente Erich Honecker fue, quizá, el más espectacular, pero sólo uno entre muchos.)

Hay otro caso de paralelismo histórico. Los dos factores más importantes de la postguerra que lograron la integración de la República Federal eran el anticomunismo y el éxito económico. El anticomunismo se ha desvanecido, el éxito económico desde hace unos años está en entredicho. En esta coyuntura hay un renacer funcional del nacionalismo como ideología integradora. (Durante muchos años se pudo prescindir del nacionalismo debido a la existencia de otras ideologías integradoras.) El debate político en la Alemania de hoy, concretamente después de la reunificación, refleja claramente este fenómeno en toda su problemática histórica y actual. De nuevo, la historia ha vuelto a la realidad alemana; es un pasado presente.

Instituciones de investigación de la historia del tiempo presente

La institución más antigua y de mayor renombre para la investigación de la historia del tiempo presente es el Instituto para la Historia del Tiempo Presente (Institut für Zeitgeschichte) en Munich. Las razones para la fundación del Institut für Zeitgeschichte, poco después de terminada la Segunda Guerra Mundial, fueron el deseo y la necesidad, motivados por la catástrofe de la dictadura nazi, de investigar científicamente el nacionalsocialismo y sus condiciones de existencia en la sociedad alemana. En la reacción frente a las conmociones fundamentales motivadas por dictaduras y guerras del siglo XX, el concepto "historia del tiempo presente" cobró una nueva dimensión: la función de la historia del tiempo presente como ciencia es la investigación de la fase más reciente de la historia, vivida aún por los contemporáneos, a condición de que sean accesibles las fuentes y puedan ser analizadas según métodos científicos.

En 1953, cuando apareció el primer número de los *Vierteljahrshefte für Zeitgeschichte* (la prestigiosa revista del Institut für Zeitgeschichte), Hans Rothfels, quien fuera su editor por mucho tiempo, calificó el año 1917 como el comienzo de una nueva época de la historia universal. Con la entrada de los Estados Unidos en la Primera Guerra Mundial y la Revolución bolchevique había terminado, en palabras suyas, el predominio universal de Europa, diversas confrontaciones ideológicas se habían superpuesto a la política tradicional interestatal, y la historia europea se había convertido en historia universal. También desde el punto de vista del desarrollo en Alemania, del surgimiento del nacionalsocialismo y del fascismo europeo, la Primera Guerra Mundial debía ser considerada como un parteaguas definitivo. Correspondiendo con este enjuiciamiento, el campo de investigación de la historia del tiempo presente del Institut für Zeitgeschichte es la historia de Alemania, de Europa y de las relaciones internacionales desde la Primera Guerra Mundial hasta nuestros días. De esta concepción resultan problemas y métodos de trabajo específicos. Una de las metas de la historia del tiempo presente es —por medio de una interpretación y un balance del pasado reciente— impedir que surjan visiones ideologizadas de la conciencia histórica, leyendas históricas y simplificaciones. Las leyendas históricas pueden tener consecuencias políticas fatales, como lo ha demostrado, en la República de Weimar, la leyenda de que el ejército alemán en la Primera Guerra Mundial no había sido vencido en el campo de batalla, sino por la traición en la retaguardia (*Dolchstoßlegende*). La investigación científica del tiempo presente tiene pues, indirectamente, una función indispensable para la formación histórico-política del ciudadano alemán (Institut für Zeitgeschichte, 1997).

El derrumbe del dominio comunista en Europa del Este en 1989, la disolución del Pacto de Varsovia y de la Unión Soviética, y la reunificación de Alemania en 1990 ha cambiado el temario de la investigación sobre la historia del tiempo presente. Por primera vez se hacían accesibles muchísimas fuentes no sólo sobre la postguerra, sino también sobre la dictadura nazi y la República de Weimar, que habían estado almacenadas en archivos de la RDA y de la Unión Soviética. Por eso, desde hace unos años muchos temas o bien pueden ser investigados por primera vez, o bien deben ser reinvestigados a la luz de esta nueva documentación. El desarrollo histórico de los últimos años ha hecho surgir nuevos cuestionamientos o ha reactualizado ya viejos temas, por ejemplo la pregunta sobre las similitudes estructurales de las dictaduras en el siglo XX, ante todo la de Stalin y la de Hitler.

El Institut für Zeitgeschichte ha reaccionado frente a los cambios acaecidos entre 1989 y 1991 y el fin de los regímenes comunistas. Por un lado, ha intensificado y reestructurado la investigación histórica sobre la RDA; por otro, ha iniciado estudios comparativos que se refieren no solamente a una comparación de dictaduras, sino de democracias. Por ejemplo, el Instituto promueve un proyecto sobre el periodo europeo de entreguerras, ante todo una comparación del desarrollo político en Alemania y Francia entre 1918 y 1939, así como un proyecto sobre las relaciones entre Alemania y Checoslovaquia en la fase de entreguerras. Se pretende conseguir una mayor "europeización" en las investigaciones.

Una de las tareas más importantes del Instituto es la edición de textos y documentos. Tiene una serie dedicada a la política exterior de la RFA, una documentación sobre las relaciones entre Alemania y Francia de 1949 a 1963, y muchos proyectos de edición sobre la época nacionalsocialista: los diarios de Goebbels, los escritos de Hitler en la fase de la República de Weimar, la edición *Resistencia como traición* y otros más.

Otro aspecto importante del Instituto es la investigación de la historia bávara que se entiende como un caso ejemplar. Hace años ya se concluyó el gran proyecto sobre "Baviera en la época nacionalsocialista"; actualmente se investigan "Sociedad y política en la zona de ocupación americana", así como "Sociedad y política en Baviera, 1948-1973", proyecto éste en el que interesan las relaciones entre industrialización y cambio social.

Desde el fin de la RDA en 1989-1990, el Institut für Zeitgeschichte perseguía la intención de fundar una filial en el área metropolitana de Berlín y Potsdam, para desde allí poder intensificar sus investigaciones sobre la RDA. La cercanía geográfica a las nuevas fuentes accesibles fue el motivo determinante para elegir Potsdam; además, se quería fomentar la cooperación de historiadores de la ex RDA con germano-occidentales. Tras haber vencido múltiples trabas burocráticas y financieras, en 1993 comenzó la instalación de la filial de Potsdam, y en 1994 se pudo empezar a trabajar. Entretanto, la filial se ha trasladado, en 1996, a Berlín-Lichterfelde, para estar ubicada más cerca del Archivo Federal (H. Möller y H. Mehringer, 1995).

Debido a la situación política de la postguerra, mientras existían dos estados alemanes, para los historiadores occidentales era muy difícil, por no decir imposible, adentrarse en la investigación a fondo de la RDA. Por eso, la investigación sobre la RDA se realizaba en una especie de circuito cerrado, reservado casi exclusivamente a germano-orientales, lo cual condujo a una visión muy unilateral en muchos aspectos, por ejemplo la inclusión de la RDA en el ámbito de poder de la Unión Soviética o el carácter dictatorial del régimen comunista. Hoy, el acceso a los archivos de la ex RDA está garantizado a todos los historiadores.

Otra filial del Institut für Zeitgeschichte está en Bonn; tiene como tarea principal editar los documentos relativos a la política exterior de la RFA, conservados en el archivo del Ministerio de Asuntos Exteriores en Bonn. En los últimos años han aparecido, comenzando con el año 1963, varios tomos, editados cuidadosamente, de las *Akten zur Auswärtigen Politik der Bundesrepublik Deutschland.* Por el momento se preparan para su edición los documentos relativos a los años de 1949 a 1962.

En el año 1992 se fundó, paralelamente a las instituciones ya existentes, como filial de la Sociedad Max Planck, un "Núcleo investigativo de estudios sobre la historia del tiempo presente" (*Forschungsschwerpunkt Zeithistorische Studien*) en Potsdam. El "núcleo investigativo" fue lo que quedó de la Academia de Ciencias de Berlín Oriental, disuelta tras la reunificación alemana. Cuatro años más tarde, este núcleo investigativo se transformó en el "Centro de Investigación sobre la Historia del Tiempo Presente" (Zentrum für Zeithistorische Forschung). El financiamiento básico corre a cargo del Land Brandenburgo y los programas de investigación son financiados por la Sociedad Alemana para la Investigación (Deutsche Forschungsgemeinschaft), institución federal con sede en Bonn (Zentrum für Zeithistorische Forschung, 1996; *Potsdamer Bulletin,* 1993-1996).

El nacimiento y primer desarrollo de esta nueva institución fue bastante complicado ya que se vio expuesta a todo tipo de rivalidades, entre otras la del Institut für Zeitgeschichte, que estaba instalando al mismo tiempo su filial en Potsdam. El temario-marco general del centro se titula "Estructuras de poder y dimensiones vivenciales en la historia de la RDA". Esta definición intenta combinar el análisis estructural de un sistema dictatorial socialista con la historia vivida individual y colectivamente en diferentes sectores sociales. Se analizan las múltiples escisiones, los diferentes grados de intensidad de dominación política, márgenes de acción, diferentes experiencias y recuerdos individuales. El temario-marco general se ha dividido en cuatro subtemarios:

• La RDA entre sovietización e independencia: márgenes de acción y procesos de decisión, 1945-1963;

• Grupos dirigentes y "aparatos" del régimen comunista; estudios sobre la historia social de la "dictadura del proletariado" en la RDA;

• Dominación e independencia intelectual en la dictadura; estudios sobre la historia social en Berlín-Brandenburgo, 1945-1990;

• Historia como discurso de dominación en la RDA; instituciones, ideas, directrices y prácticas.

Las investigaciones realizadas en el Centro comprenden también la historia del sistema nazi (comparación de dictaduras), así como de la RFA y de estados del Este europeo después de la Segunda Guerra Mundial, como perspectiva comparativa. El Centro quiere integrar la historia de la RDA en el desarrollo histórico global del siglo XX, para poder determinar más exactamente continuidades y cambios de estructuras, mentalidades y experiencias. Básicamente se busca una explicación para la larga duración y el súbito derrumbamiento del régimen comunista en la RDA.

La reciente importancia de Potsdam como lugar de investigación de la historia del tiempo presente ha sido recalcada por el traslado, en 1993, de la Oficina de Investigación sobre Historia Militar (Militärgeschichtliches Forschungsamt), fundada ya en 1957 y ubicada desde entonces en Friburgo (Brisgovia), a Potsdam. Con ello se quería contribuir, según la explicación oficial, a la "unidad interna alemana". Desde el traslado, Potsdam es el centro de la investigación militar alemana, que desde la unificación del país tiene la función de investigar también la historia militar de la RDA. Uno de los primeros proyectos que se realizan actualmente se llama "Política militar y de seguridad de la RDA". Lo paradójico del caso es que los documentos oficiales que hasta la unificación alemana estaban en el Archivo Militar de la RDA en Potsdam, han sido integrados en el Archivo Militar que forma parte del Archivo Federal y sigue ubicado en Friburgo. Actualmente, por lo tanto, hay una separación entre archivo e instituto de investigación, lamentada por los investigadores pero decidida así por los políticos.

La Oficina de Investigación sobre Historia Militar tiene un enfoque metodológicamente moderno que no se limita a aspectos meramente militares. Más bien, incluye en sus estudios militares temas de política, propaganda, economía y técnica; investiga la ocupación por los vencedores de la guerra, el trabajo forzado, el genocidio en la fase de la guerra. Como tareas esenciales define dos puntos: por un lado, la investigación básica sobre historia militar general, la Segunda Guerra Mundial, la historia militar después de 1945, la historia militar internacional, conflictos bélicos después de 1945; y por otro, publicaciones para la formación política de los miembros de las fuerzas armadas.

Desde 1993, en Dresde trabaja el Instituto Hannah Arendt para la Investigación del Totalitarismo. Temas centrales son la dictadura nazi, los años de ocupación soviética en Alemania Oriental y los cuarenta años de la RDA. El primer director fue Alexander Fischer; actualmente el Instituto es dirigido por Klaus-Dietmar Henke, quien procede del muniqués Institut für Zeitgeschichte. La fundación del Instituto se debe a una demanda de la fracción democratacristiana del parlamento regional de Sajonia, del año 1991.

Lo que se propone el Instituto Hannah Arendt es la investigación comparativa de dictaduras. La idea subyacente al Instituto y la concepción metódico-teórica han sido criticadas, ya que el recurrir al concepto totalitarismo enfatiza los paralelismos entre sistemas fascistas y comunistas, y esta concepción para muchos historiadores es anacrónica, tanto más, cuanto que la idea que Hannah Arendt tenía del totalitarismo (en cierta manera era más una fenomenología que una teoría) no concordaba con el desarrollo del socialismo real, versión germano-oriental, en su fase de decaimiento.

Si bien la actual dirección del Instituto reconoce que el terror —en la concepción de Hannah Arendt, junto a la ideología, uno de los aspectos fundamentales de sistemas totalitarios— no formaba parte, en la fase tardía de la RDA, de la esencia del sistema, no renuncia a la comparabilidad de los sistemas, cuyas metas habían sido poder disponer completamente sobre las personas en su ámbito de poder. Muchos aspectos son comparables: la "ley de clase" y la "ley de raza" tenían, como ideología de justificación para mantener el poder y como medio de sanción, una función similar; la Gestapo y Staatssicherheit, la policía estatal secreta de la RDA, pueden compararse, así como la politización de la justicia.

Puntos centrales de investigación serán el desvanecimiento de la ideología totalitaria en la fase final de la RDA, un proyecto denominado "Represión y persecución en el periodo Honecker", otro con el nombre "Represión y oposición entre 1933 y 1945", concentrado en Sajonia, y uno sobre "Totalitarismo bélico", centrado en aspectos económicos. Pero lo decisivo será la historia de la RDA, el destino de los presos políticos, la historia de las mentalidades en regímenes dictatoriales, el "poder de seducción de lo totalitario", como reza el título de un encuentro organizado por el Instituto.

Quedan por mencionar unas instituciones más relacionadas expresamente con el estudio de la RDA. Una es una agencia estatal: la Oficina del Encargado Federal para los Documentos de la Seguridad del Estado de la ex RDA (Behörde des Bundesbeauftragten für die Unterlagen der Staatssicherheit der ehemaligen DDR) que comúnmente se denomina por el nombre de su ex director, "Oficina Gauck". Esta oficina tiene, desde 1993, una sección "formación e investigación". La ley (*Stasi-Unterlagen-Gesetz*) define la labor de la sección; debe explorar las actividades de la política secreta, informar al público sobre estructuras, métodos y funcionamiento del Ministerio de Seguridad del Estado. Asesora a todas las personas que solicitan poder hacer uso de los documentos. Hasta ahora, la sección ha presentado más de cuarenta publicaciones, por ejemplo un *Diccionario de la seguridad del Estado* o trabajos sobre oposición y resistencia en la RDA (Das Wörterbuch, 1993; B. Eisenfeld, 1995).

En la Universidad Libre de Berlín se ha constituido una "Red de investigación sobre el Estado comunista" (Forschungsverbund SED-Staat) que se concentra en la relaciones interalemanas y la transformación de Alemania Oriental tras el derrumbe del comunismo. Esta "red de investigación" se distancia expresamente de la anterior investigación sobre la RDA a la que reprocha un tipo de comparación sistémica reducido a aspectos de historia social que no acentúa suficientemente las diferencias en los órdenes políticos democracia y dictadura (K. Schroeder, 1994). Consecuentemente, los trabajos provenientes de este círculo de investigadores insisten en la supuesta ventaja metodológica de un planteamiento basado en la teoría del totalitarismo; definen a la RDA en primer lugar como una sociedad política en la que existía en gran parte una identidad de esfera particular y pública, y en la que apenas había espacios libres de injerencia estatal.

Este grupo de investigadores ha suscitado, en los últimos años, toda una serie de polémicas debido al carácter denunciatorio de sus publicaciones y actuaciones; lo que les interesa en primer lugar, parece, es combatir intelectualmente contra los historiadores "socialdemócratas", a los que se les reprocha haber sido *fellow travellers* de los comunistas germano-orientales.

En 1992, el Parlamento Federal decidió la instalación de una "comisión de encuesta" (*Enquete-Kommission*) con el nombre "Historia y consecuencias de la dictadura del partido comunista". En 1994 esta comisión presentó una bibliografía de 759 proyectos relacionados con la historia de la RDA (Deutscher Bundestag, 1994). Además, la comisión —disuelta, entre tanto, en 1994— organizó gran número de *hearings* de testigos presenciales, y ha publicado trabajos sobre muchos temas relacionados con el régimen comunista en la RDA (Materialien, 1995; R. Grünbaum, 1996).

En la fase final de la RDA se formó allí un grupo de jóvenes historiadores de oposición que no habían estado involucrados con el régimen comunista, y fundó en 1990 la Asociación Independiente de Historiadores (Unabhängiger Historikerverband, UHV). Criticó arduamente la historiografía germano-oriental practicada hasta entonces (R. Eckert *et al.*, 1994), lucha por la apertura de todos los archivos de la ex-RDA, y se ocupa ante todo de la investigación sobre oposición y resistencia contra la dictadura comunista. Ha lanzado un debate sobre la pregunta ¿A quién pertenece la historia de la RDA?, para impedir que los historiadores comprometidos con el extinto régimen se pongan ahora a estudiarlo (R. Eckert *et al.*, 1995). Abogan por una autorreflexión historiográfica, si bien no pudieron impedir una polarización de las posiciones.

Para acabar, cabe mencionar unos grupos de investigación cercanos al partido sucedáneo del comunista, el Partido del Socialismo Democrático (Partei des Demokratischen Sozialismus, PDS); este partido alberga toda una serie de fundaciones, de centros de formación, de institutos investigadores, etc. En muchos casos, se trata de buscar culpables del fracaso del "experimento socialista", y sus publicaciones no están exentas de apología del extinto estado germano-oriental (D. Keller *et al.*, 1993-1995).

La polémica sobre la singularidad de los crímenes nazis (*Historikerstreit*)

Antes aún de que se desmoronara la RDA y cambiaran los planteamientos de los historiadores del tiempo presente, tuvo lugar, a mediados de los años ochenta, una polémica en la que estuvieron involucrados no sólo historiadores, sino también periodistas, políticos, politólogos, representantes de las iglesias y de muchas entidades públicas del país y del extranjero. Se trata de la polémica sobre la singularidad de los crímenes nazis. Desde el debate lanzado en los años 60 por las tesis de Fritz Fischer, ninguna otra polémica ha suscitado tantas reacciones y agresiones como el llamado *Historikerstreit* de los años 80.

¿Sobre qué versaba (y versa) esta nueva polémica? No se trataba de presentar nuevas fuentes o resultados de investigación, sino de la pregunta de si los crímenes y asesinatos del Tercer Reich podían ser "relativizados", comparándolos con crímenes de otras dictaduras en el mundo, "nivelando" así el periodo entre 1933 y 1945 e interpretando esos años como una fase "normal" en la historia del Estado-nación alemán (*cf.* E. Hennig, 1988; W. Erler, 1987; H. Hoffmann, 1987; H.-U. Wehler, 1988; R. Kühnl, 1987; "Historikerstreit", 1989; J. Geiss, 1988; H. Fleischer, 1988; W. Eschenhagen, 1988; D. Diner,1987; M. Broszat, 1986; J. Kocka, 1988).

La polémica surgió al publicar el politólogo e historiador Ernst Nolte unos artículos en los que afirmaba que la política nazi de exterminio de razas (ante todo el exterminio de los judíos, pero también de los gitanos, etc.) tenía como ejemplo la política de exterminio de clases, practicada por los bolcheviques en la guerra civil rusa y después en la fase estalinista, siendo la política nazi una reacción surgida del miedo frente a los exterminios bolcheviques y los "actos asiáticos" de Stalin. Nolte preguntaba si el "archipiélago Gulag" no fue más singular que Auschwitz, si los asesinatos clasistas de los bolcheviques no eran el antecedente lógico y fáctico de los asesinatos racistas de los nacionalsocialistas. El holocausto debía ser visto, pues, como una contrarreacción y como resultado de un dilema psicológico y no como expresión del

Sonderweg alemán; "probablemente", afirmaba, entre Auschwitz y Gulag existía "un nexo causal". También podían tomarse como punto de comparación los asesinatos del régimen de Pol Pot en Camboya. En todo caso, los crímenes de Auschwitz podían compararse con otros crímenes, cometidos por otras dictaduras en otras épocas y otras regiones del globo. Con estas tesis que debían servir para "historiar" la campaña de exterminio del nacionalsocialismo empezó la relativización del régimen nazi, poniendo en duda la singularidad de sus crímenes (E. Nolte, 1987, 1988).

Como reacción a estas tesis (que pronto fueron asumidas por otros historiadores conservadores alemanes), el filósofo Jürgen Habermas acusó a los representantes de esta tendencia diciendo que querían tomar a la ligera los crímenes nazis, para así crear una nueva conciencia nacional, fundamentando de esta manera intelectualmente el "cambio" político de 1982 (del gobierno socialdemócrata de Helmut Schmidt al democristiano de Helmut Kohl). Habermas establecía claramente la conexión entre interpretación histórica y finalidades político-ideológicas en la sociedad alemana de hoy. El filósofo hablaba de "tendencias apologéticas en la historiografía alemana del tiempo presente", diciendo que los "historiadores gubernamentales" eran "planificadores de ideología" que querían eliminar el "pluralismo de interpretaciones históricas", para formular una identidad convencional que se volvía a basar en la conciencia nacional (J. Habermas, 1987).

Una de las controversias fundamentales surgidas a raíz de estos primeros artículos periodísticos se refería a la pregunta de si el exterminio de los judíos por los nazis tenía un carácter singular o si era comparable a otros crímenes en otras dictaduras. Lo curioso es que al principio todos los participantes en este debate concordaban en la singularidad de los crímenes nazis. En la prensa y en debates televisados se insistía en que nunca antes un Estado había decidido con la autoridad de su jefe aniquilar completamente a un determinado grupo de personas, ejecutando esta decisión con todos los medios estatales posibles. Este hecho no se podía ni se debía relativizar con insinuaciones de paralelismo histórico. Si se relativizaba el Tercer Reich históricamente, el holocausto y el ataque contra la Unión Soviética eran sometidos a un proceso de normalización inadecuada.

Rápidamente la polémica creció, llevando a enfrentamientos violentos entre los intelectuales alemanes. De una manera u otra, gran parte de la sociedad alemana se vio involucrada en esta confrontación. Al mismo tiempo se reconocía públicamente que el debate sobre el nacionalsocialismo en la historia alemana era necesario y debía ser continuado, ya que era de importancia para la autoconciencia histórica y política de los alemanes. ¿Qué queda de este debate político-histórico de los años 1986-1987? Son dos aspectos los que merecen ser destacados:

1] La polémica mostró la cercanía con posiciones neonazis de aquellas interpretaciones que explican el antibolchevismo de los nazis como defensa europea de las "hordas asiáticas" de Oriente y que ven un nexo causal entre el archipiélago Gulag y la política de exterminio nazi. Siguiendo esta argumentación, la fuente de todos los males en todas las dictaduras del siglo XX podría encontrarse en la Unión Soviética. El anticomunismo garantizaría continuidad y establecería relaciones de identificación. La relación (construida artificialmente) entre la lucha de Hitler contra los judíos y los crímenes de Stalin ignora además la corresponsabilidad de las elites alemanas en cuanto a la ejecución de la guerra de exterminio nazi, motivada por la ideología racista.

2] Críticos del "cambio neoconservador" en la República Federal de Alemania sospechan que no se trataba de un debate científico, sino del intento político de fortalecer el conservadurismo como corriente política en la sociedad alemana, con ayuda de una nueva concepción histórica. Los museos históricos en Bonn y en Berlin son parte de este intento. En oposición a esta corriente conservadora, las posiciones críticas insisten en la orientación hacia Europa, en la identificación con los valores occidentales y con las tradiciones democráticas, que han creado un "patriotismo constitucional" (Dolf Sternberger) que es una sólida base para la cultura política y la identidad alemanas.

Uno puede preguntarse por qué fueron justamente las tesis de Nolte las que desataron tal tormenta histórico-política. Ello se debe a que ningún otro tema de la historia alemana reciente está relacionado con tantas cuestiones centrales y fundamentales del pasado y tiene tantas implicaciones para el presente. Historiadores conservadores (A. Hillgruber, 1986) afirmaban que la República Federal de Alemania era un "país sin historia"; y, según ellos, ganaría el futuro quien fuera capaz de llenar la memoria, de acuñar los conceptos y de interpretar el pasado. Por tanto, se trataba de la pregunta sobre qué valores originaría el consenso y la paz interna. Según esta tendencia interpretativa, el pluralismo de los valores e intereses lleva a la guerra civil, como al final de la República de Weimar, si no es distensionada por el crecimiento económico. Y lo que crea sentido (*Sinnstiftung*) y coherencia, son la nación y el Estado.

Los argumentos en este debate no fueron, en primer lugar, científicamente históricos; no iban dirigidos a historiadores, sino a un público general; eran, más bien, políticos, orientados hacia el presente y no hacia el pasado. La polémica de los historiadores fue ejemplo de un debate político con relaciones históricas. Este tipo de disputas muestra claramente la íntima conexión existente entre interpretaciones del pasado, comprensión del presente y proyecciones hacia el futuro —una conexión que forma a la historia como disciplina científica. En general, la disputa sobre el Tercer Reich ha sido —aunque agresiva e hiriente— necesaria, contribuyendo a formar la conciencia político-histórica en la República Federal.

Goldhagen y el "antisemitismo eliminatorio"

La segunda gran polémica de las últimas décadas fue provocada en el año 1996 por el politólogo norteamericano Daniel J. Goldhagen con sus tesis sobre el origen del holocausto. Afirma que el holocausto era una erupción —sólo fomentada por el régimen nazi— de un "antisemitismo eliminatorio" fuertemente arraigado en el carácter de los alemanes desde la Edad Media (D.J. Goldhagen, 1996). El autor pretende explicar el holocausto a partir del comportamiento de "alemanes completamente ordinarios". Partiendo del actuar de los ejecutores, deduce la cultura política de la Alemania nazi, "que ha producido a los ejecutores y sus ejecuciones". Goldhagen no acepta la justificación de muchos ejecutores que dicen haber actuado, como lo han hecho, por miedo a llegar a ser ellos mismos víctimas del nacionalsocialismo. Más bien afirma que la eliminación total de los judíos era un proyecto político nacional de los alemanes en el siglo XX, una norma social, y que los ejecutores habían actuado a raíz de su propia decisión. La gran mayoría de los alemanes, incluyendo también a muchos antifascistas, habían sabido de los asesinatos de judíos y hubieran estado dispuestos a participar en la masacre, de haberse encontrado en una situación similar a los ejecutores.

Según Goldhagen, no había partes significativas o minorías identificables en la población alemana que hubieran manifestado una opinión discrepante. No hay pruebas de que los alemanes veían la persecución de los judíos como algo inmoral y enjuiciaran al régimen nazi como criminal. Con su libro, Goldhagen en cierta manera vuelve a plantear la tesis de la culpa colectiva que ya había sido discutida en los años 50 y 60 y rechazada por aquel entonces con múltiples argumentos, aduciéndose, ante todo, que la responsabilidad siempre es y sólo puede ser individual.

La afirmación de Goldhagen de que los asesinatos masivos de judíos eran una especialidad alemana ha sido rechazada por el historiador estadounidense Christopher Browning, en el que Goldhagen se basa extensamente (Ch. R. Browning, 1992). También Hannah Arendt había resaltado que sadismo e inhumanidad incontrolada se encuentran en todas las formas de dominación totalitaria moderna, cuando una ideología agresiva le permite al individuo actuar sin considerar "honor y dignidad humana" (*cf.* D. Pohl, 1997).

Los historiadores críticos frente a las tesis de Goldhagen reprochan al autor que aplica una interpretación demasiado monocausal y determinista (*cf.* D. Pohl, 1997). Reduce el complejo proceso que condujo al holocausto a una única motivación: el antisemitismo destructivo, "eliminatorio", algo específico del carácter nacional alemán. Goldhagen no puede probar, en ningún lugar de su libro, de manera inequívoca que "alemanes ordinarios" no involucrados institucionalmente en el aparato de la "solución final" estaban dispuestos, por lo general, a asesinar a judíos. Por lo tanto, no demuestra ni la monocausalidad de la motivación ni la tesis de la disposición de los "alemanes ordinarios" a exterminar a judíos. Viceversa, queda sin contestar la pregunta de si tan sólo el antisemitismo y una cultura política tan altamente ideologizada pueden producir asesinos de masas, como los nazis, o si asesinatos de este tipo no son posibles ya bajo condiciones más "normales". La tesis de los asesinatos masivos ejecutados a raíz del consenso antisemita entre el pueblo y Hitler durante la guerra, se basa en muchas simplificaciones y premisas poco elaboradas.[1]

Perspectivas

La historia del tiempo presente está viviendo, en Alemania, un *boom* inimaginable hace una década. Ello se debe, indu-

---

[1] De la multitud de reacciones alemanas frente al libro de Goldhagen, en su gran mayoría críticas, véase: Ein Volk von Dämonen, en *Der Spiegel* 20-V-1996, pp. 48-77; Hitlers Code, en *Frankfurter Allgemeine Zeitung* 15-IV-1996, p. 31; Hans Mommsen: Schuld der Gleichgültigen, en *Süddeutsche Zeitung* 20/21-VI-1996 p. 10 y s; Arnulf Baring: Und doch: Vergangenheit, die nicht vergehen will, en *Frankfurter Allgemeine Zeitung* 18-IX-1996, p. 42; Christian Meier: Auszug aus der Geschichte, en *Frankfurter Allgemeine Zeitung* 27-XII-1996, p. 23; véase la reacción de Goldhagen frente a sus críticos: Das Versagen der Kritiker, en *Die Zeit* 2-VIII-1996, pp. 9-14.

dablemente, a la unificación alemana, a la súbita disponibilidad de un aluvión de fuentes no accesibles hasta ahora y a la fundación de toda una serie de instituciones y centros de investigación nuevos. La apertura de los archivos no sólo permite trabajar mucho más detenidamente sobre la historia de la RDA; debido a que los archivos germano-orientales también albergan muchos materiales sobre el Tercer Reich y la República de Weimar, estas fases de la historia alemana también pueden y deben, en cierto sentido, ser reescritas. Pero la atención principal se prestará, en el futuro, a la historia de la RDA. Tres temarios generales se pueden reconocer actualmente: desde el punto de vista de las comparaciones, se requieren estudios comparativos de la RDA con la dictadura nazi (es decir, una comparación "interdictatorial"), así como una comparación de la RDA con la historia de la Unión Soviética y los estados europeos bajo dominio comunista, por un lado, y con la República Federal, por otro (es decir, una comparación "intraestructural").

Otro de los nuevos enfoques de la historia del tiempo presente es explorar la historia social de la RDA y ponerla en relación con la de la RFA; en la RDA no hubo desarrollo de la sociedad industrial a la postindustrial, con el cambio de valores que conlleva un desarrollo de tales dimensiones históricas; a lo sumo se podría hablar, para el caso de la RDA, de una imitación tergiversada de modelos occidentales de consumo y comportamiento. Los conocimientos sobre la "historia interna" de la RDA y sus características como sistema político son mucho más reducidos que los conocimientos sobre la RFA.

Un tercer tema por investigar está ubicado más bien en el campo de las mentalidades: hubo en Alemania una fuerte tradición de fijación en las autoridades y de virtudes ciudadanas de obediencia. El individualismo político no era una característica nacional, sino una postura surgida en la RFA, mientras que la sociedad en la RDA nunca ha tenido la oportunidad de traspasar esa fijación autoritaria. Por eso, la sociedad germano-oriental era mucho más "tradicionalmente alemana" que la germano-occidental, donde en los años sesenta desaparecieron esas estructuras autoritarias. La historia del tiempo presente debe examinar, pues, la forma de existencia de una sociedad no libre y por lo tanto rezagada en su desarrollo, así como el proceso en Alemania Occidental, de paulatino alejamiento de conceptos autoritarios y de adaptación a las sociedades vecinas. Así, la investigación comparativa debe abarcar no sólo las dictaduras en el siglo XX, sino también el surgimiento y la estabilización de sociedades libres.

Bibliografía

Abendroth, Wolfgang, *Das Grundgesetz. Eine Einführung in seine politischen Probleme.* Pfullingen (Neske), 1966.

Baring, Arnulf, Und doch: Vergangenheit, die nicht vergehen will, en: *Frankfurter Allgemeine Zeitung* 18 de septiembre de 1996, p. 42.

Broszat, Martin *et al.* (eds.), *Von Stalingrad zur Währungsreform. Zur Sozialgeschichte des Umbruchs in Deutschland.* Munich (Oldenbourg), 1988.

Broszat, Martin, *Nach Hitler. Der schwierige Umgang mit unserer Geschichte.* Munich (Oldenbourg), 1986.

Browning, Christopher R., *Ordinary Men: Reserve Battalion*

101 and the Final Solution in Poland. Nueva York (Asher Books), 1992.

Conze, Werner, y M. Rainer Lepsius (eds.), *Sozialgeschichte der Bundesrepublik Deutschland. Beiträge zum Kontinuitätsproblem*. Stuttgart (Klett-Cotta), 1983.

Das Wörterbuch der Staatssicherheit. Definitionen des MfS zur "politisch-operativen Arbeit". Berlín (Der Bundesbeauftragte für die Unterlagen des Staatssicherheitsdienstes der Ehemaligen Deutschen Demokratischen Republik, Abteilung Bildung und Forschung), 1993.

Diner, Dan (ed.), *Ist der Nationalsozialismus Geschichte? Zu Historisierung und Historikerstreit*. Francfort del Meno (Fischer), 1987.

Doering-Manteuffel, Anselm, Deutsche Zeitgeschichte nach 1945. Entwicklung und Problemlagen der historischen Forschung zur Nachkriegszeit, en: *Vierteljahrshefte für Zeitgeschichte* 41, 1993, pp. 1-29.

Eckert, Rainer, Ilko-Sascha Kowalczuk e Isolde Stark (eds.), *Hure oder Muse? Klio in der DDR. Dokumente und Materialien des Unabhängigen Historiker-Verbands*. Berlín (Berliner Debatte), 1994.

Eckert, Rainer, Ilko-Sascha Kowalczuk y Ulrike Poppe (eds.), *Wer schreibt die DDR-Geschichte? Ein Historikerstreit um Stellen, Strukturen, Finanzen und Deutungskompetenz*. Berlín (Evang. Akademie Berlin-Brandenburg), 1995.

"Ein Volk von Dämonen", *Der Spiegel*, 20 de mayo de 1996, pp. 48-77.

Eisenfeld, Bernd, *Die Oppositionsbewegung der achtziger Jahre im Spiegel der MfS-Akten*. Berlín, 1995.

Erler, W., *et al.*, *Geschichtswende? Entsorgungsversuche der deutschen Geschichte*, Friburgo de Brisgovia (Dreisam-Verlag), 1987.

Eschenhegen, W. (ed.), *Die neue deutsche Ideologie. Einsprüche gegen die Entsorgung der Vergangenheit.* Neuwied (Luchterhand), 1988.

Fleischer, Helmut, Zur Kritik des Historikerstreits, en: *Aus Politik und Zeitgeschichte* B 40/41, 30 de septiembre de 1988, pp. 3-14.

Frankfurter Allgemeine Zeitung, Hitlers Code, 15 de abril de 1996, p. 31.

Geiss, Immanuel, *Die Habermas-Kontroverse. Ein deutscher Streit.* Berlín (Siedler), 1988.

Goldhagen, Daniel J., *Hitler's Willing Executioners. Ordinary Germans and the Holocaust.* Nueva York (Knopf), 1996.

Goldhagen, Daniel J., Das Versagen der Kritiker, en: *Die Zeit,* 2 de agosto de 1996, pp. 9-14.

Grünbaum, Robert, Aufarbeitung der SED-Diktatur. Die Enquete-Kommission des Deutschen Bundestages zwischen Politik und Wissenschaft, en: *Deutsche Studien* 33, 1996, pp. 111-122.

Habermas, Jürgen, *Eine Art Schadensabwicklung.* Francfort del Meno (Suhrkamp), 1987.

Hennig, Eike, *Zum Historikerstreit. Was heißt und zu welchem Ende studiert man Faschismus?* Francfort del Meno (Athenäum), 1988.

Hillgruber, Andreas, *Zweierlei Untergang. Die Zerschlagung des Deutschen Reiches und das Ende des europäischen Judentums.* Berlín (Siedler), 1986.

"Historikerstreit". Die Dokumentation der Kontroverse um die Einzigartigkeit der nationalsozialistischen Judenvernichtung. Munich (Piper), 7a. ed., 1989.

Hoffmann, Hilmar (ed.), *Gegen den Versuch, Vergangenheit zu verbiegen.* Francfort del Meno (Athenäum), 1987.

Institut für Zeitgeschichte, Munich, 1997.

Keller, Dietmar, Hans Modrow y Herbert Wolf (eds.), *Ansichten zur Geschichte der* DDR. 5 tomos, Bonn/Berlín (Kirchner), 1993-1995.

Kocka, Jürgen, Deutsche Identität und historischer Vergleich nach dem "Historikerstreit", en: *Aus Politik und Zeitgeschichte* B 40/41, 30 de septiembre de 1988, pp. 15-28.

Kühnl, Reinhard (ed.), *Streit ums Geschichtsbild. Die "Historiker-Debatte". Darstellung, Dokumentation, Kritik.* Colonia (Pahl-Rugenstein), 1987.

Kühnl, Reinhard (ed.), *Vergangenheit, die nicht vergeht.* Colonia (Pahl-Rugenstein) ,1987.

Loth, Wilfried, *Die Teilung der Welt. Geschichte des Kalten Krieges 1941-1955.* Munich (Deutscher Taschenbuch Verlag) ,1980.

Materialien der Enquete-Kommission "Aufarbeitung von Geschichte und Folgen der SED-Diktatur in Deutschland" (12. Wahlperiode des Deutschen Bundestages), editado por el Parlamento Alemán. 9 tomos, Baden-Baden (Nomos Verlags-Gesellschaft), 1995.

Meier, Christian, Auszug aus der Geschichte, en: *Frankfurter Allgemeine Zeitung,* 27 de diciembre de 1996, p. 23.

Möller, Horst, y Hartmut Mehringer, Die Außenstelle Potsdam des Instituts für Zeitgeschichte, en: *Vierteljahrshefte für Zeitgeschichte*, 1, 1995, pp. 173-186.

Mommsen, Hans, Schuld der Gleichgültigen, en: *Süddeutsche Zeitung,* 20-21 de junio de 1996 p. 10.

Morsey, Rudolf, y Konrad Repgen (eds.), *Adenauer-Studien.* 3 tomos, Maguncia (Matthias-Grünewald), 1971-1974.

Niethammer, Lutz (ed.), *"Die Jahre weiß man nicht, wo man die heute hinsetzen soll." Faschismuserfahrungen im Ruhrgebiet.* Berlín/Bonn (Dietz), 1983.

Nolte, Ernst, *Das Vergehen der Vergangenheit. Antwort an meine Kritiker im sogenannten Historikerstreit.* Berlín (Ullstein),1988.

Nolte, Ernst, *Der europäische Bürgerkrieg 1917-1945. Nationalsozialismus und Bolschewismus.* Berlín (Propyläen), 1987.

Nolte, Ernst, *Deutschland und der Kalte Krieg.* Munich (Piper), 1974.

Parlamento Alemán, *Enquete-Kommission, Forschungsprojekte zur DDR-Geschichte* (elaborado por Thomas Heimann). Bonn (Deutscher Bundestag), 1994.

Pohl, Dieter, Die Holocaust-Forschung und Goldhagens Thesen, en: *Vierteljahrshefte für Zeitgeschichte* 45, 1997, pp. 12-48.

Potsdamer Bulletin für Zeithistorische Studien, núms. 1-6, Potsdam, 1993-1996.

Prinz, Michael, y Rainer Zitelmann (eds.), *Nationalsozialismus und Modernisierung.* Darmstadt (Wissenschaftliche Buchgesellschaft), 1991.

Schroeder, Klaus (ed.), *Geschichte und Transformation des SED-Staates.* Berlín, 1994.

Stürmer, Michael, *Dissonanzen des Fortschritts.* Munich (Piper), 1986.

Wehler, Hans-Ulrich, *Entsorgung der deutschen Vergangenheit? Ein polemischer Essay zum "Historikerstreit".* Munich (Beck), 1988.

Zentrum für Zeithistorische Forschung Potsdam e.V., Tätigkeitsbericht 1996. Postdam (Zentrum). 1996.

Este facsimilar de
*Alemania 1945-2002, aspectos históricos
e historiográficos*
es propiedad de El Colegio de México
y se terminó de imprimir en Librántida bajo el
modelo de distribución bajo demanda.
www.librantida.com

Made in the USA
Monee, IL
08 July 2026